새 연세한국어 어휘와 문법 3-1

연세대학교 한국어학당 편

연세대학교 출판문화원

머리말

연세대학교 한국어학당은 1959년에 설립된 한국 최초의 외국어로서의 한국어 교육 기관이다. 연세대학교 한국어학당은 그간의 역사와 명성에 걸맞게 다양한 한국어 교재 편찬 및 관련 연구를 해 옴으로써 한국어 교육을 선도해 왔다. 지금까지 전 세계에서 온 약 147개국의 14만 명에 이르는 한국어 학습자들에게 한국어와 한국 문화를 가르쳐 왔으며, 최근에는 오프라인 한국어 교육뿐만 아니라 세계 각국의 한국어 학습자들을 대상으로 글로벌 온라인 대중 공개 강좌(MOOC)를 개설하여 학습자들로부터 큰 호응을 얻고 있다. 특히 최근 빠른 속도로 변화해 가는 교육 환경에 맞추어 새로운 교수법과 교수 자료 개발에 힘을 기울이는 등 끊임없는 노력을 하고 있다.

연세대학교 한국어학당은 그간 일반 목적 한국어 학습자들뿐만 아니라 특수 목적 한국어 학습자들을 대상으로 정규 과정, 단기 과정, 대학 한국어 과정 등 다양한 교육 과정을 개설 운영하면서 학습자의 요구에 부응하는 최상의 교재를 개발해 왔다. 이러한 교재들은 국내외의 한국어 교육 기관에서 교사와 학습자들의 다양한 요구를 충족시키며 양질의 한국어 교수·학습을 위해 널리 사용되고 있다.

연세대학교 한국어학당은 그간 가장 큰 호응을 받아 왔던 '연세한국어' 1급~6급의 뒤를 이을 새로운 교재로 '새 연세한국어' 시리즈를 기획 출간하게 되었다. 이 교재의 개발을 위해 한국어 교육 현장 경험이 풍부한 전문 한국어 교육학자 및 교사들이 대거 투입되었고 최상의 한국어 교수법 및 학습자 집단의 요구에 대한 이해를 바탕으로 개발 작업이 장기간에 걸쳐 수행되었다.

이번에 출간된 '새 연세한국어' 시리즈는 총 6단계로 각 단계마다 어휘와 문법 교재, 말하기와 쓰기 교재, 듣기와 읽기 교재로 구성되어 있다. '새 연세한국어 어휘와 문법'은 한국어 학습자들이 각 숙달도별로 가장 필수적으로 익혀야 하는 주요 어휘와 문법에 대한 이해와 활용을 중심으로 구성되었다. '새 연세한국어 말하기와 쓰기'는 원활한 한국어 의사소통을 위해 꼭 필요한 표현 기능을 수행할 수 있도록 말하기, 쓰기 과제를 중심으로 구성되었다. 또한 '새 연세한국어 듣기와 읽기'는 듣기, 읽기 과제를 중심으로 각 급별 숙달도에 적절한 이해 능력을 함양시킬 수 있도록 구성되었다. 이 세 권의 교재는 어휘·문법, 표현, 이해 능력의 고른 발달을 위해 패키지로 함께 사용될 수도 있고, 교육 현장 여건이나 학습자의 요구에 따라 별도로 사용될 수도 있다. 또한 어휘와 문법 교재의 경우 별도의 지침서가 무료로 제공되므로 교육 경험이 다소 부족한 국내외의 한국어 교사들에게 유용한 길잡이가 될 수 있을 것이다.

연세대학교 한국어학당은 앞으로도 전 세계의 한국어 학습자들의 요구와 기대에 부응하는 교재 개발을 위해 최선을 다할 것이다. 아울러 본 교재가 국내외에서 한국어 교육을 위해 노력을 아끼지 않는 많은 교사와 한국어 학습을 위해 노력하는 모든 학습자들에게 크게 도움이 되기를 바란다.

연세대학교 언어연구교육원

한국어학당 교재편찬위원회

일러두기

교재 전체 구성

- 총 20개의 과로 각 과는 두 개의 항씩 총 40개의 항으로 이루어짐.
- 항별로 연습 문제가 수록되어 있고 과별로 복습문제가 수록되어 있음.
  (1항 - 1항 연습 문제 - 2항 - 2항 연습 문제 - 복습문제)
- **어휘:** 해당 항의 대화 어휘와 그 과의 주제와 관련이 있거나 3급에서 습득해야 할 어휘와 표현을 확장하여 제시함.
- **문법:** 항별로 두 개씩의 문법 항목을 제시하여 한 과에 총 네 개의 문법 항목이 있음.
- **연습 문제:** 배운 어휘와 문법을 연습할 수 있도록 부록으로 첨부함.
  어휘: 해당 항의 대화 어휘를 중심으로 연습하도록 함.
  문법 1번: 문장을 연결하여 한 문장으로 쓰기, 목표 문법을 활용하여 문장 바꾸기 등의 단순한 문법 연습으로 이루어짐.
  2번: 대화를 완성하거나 문장을 완성하는 형태로 문제를 통해 맥락 안에서 문법 사용을 연습하도록 함.
- **복습문제:** 과 전체(두 개의 항)의 어휘와 문법을 확인 학습할 수 있도록 함.
  -1번: 과 전체 어휘를 모두 아우르는 문제로 이루어짐.
  -2번: 과 전체 문법을 모두 아우르는 문제로 이루어짐.
- **모범 답안:** 연습 문제와 복습문제의 모범답안을 제시하여 혼자 연습하는 학습자의 경우에도 도움을 받을 수 있도록 함.
- **색인:** 어휘와 문법 색인에는 각 과에서 다루어진 어휘와 문법을 각각 가나다 순으로 정리하여 제시하였음.
- **별책:** 대화, 어휘, 문법의 의미와 용법, 문법 용례를 번역해서 실어 학습자들이 별책만을 가지고도 쉽고 간편하게 연습할 수 있도록 함.

세부 내용 구성

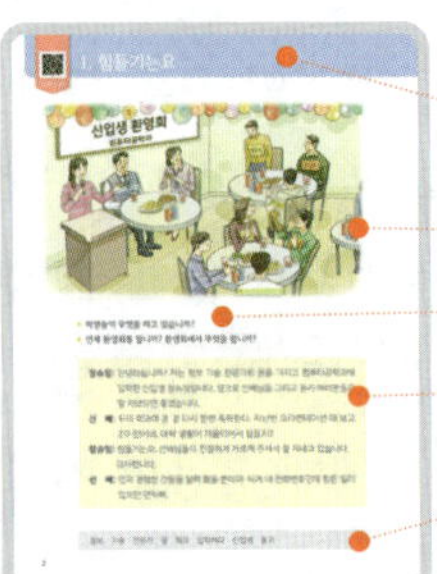

- **항 제목:** 본문 대화 중 문법 항목이 있는 문장으로 선정함.
- **도입 그림:** 항의 주제나 본문 대화와 관계있는 그림을 제시함.
- **도입 질문:** 도입이나 본문 대화와 관계있는 질문으로 제시함.
- **대화:** 두 사람 이상의 대화로 구성하였으며 2~3개의 대화 쌍으로 이루어짐.
- **대화 어휘:** 대화를 연습할 때 알아야 할 어휘를 아래에 제시함.

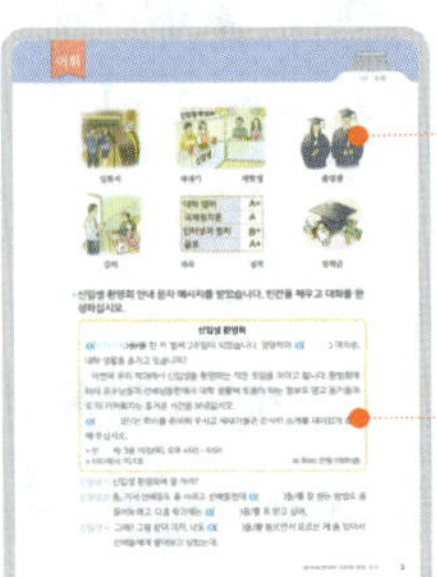

- **확장 어휘:** 해당 항의 주제와 관련이 있거나 3급에서 습득해야 할 어휘와 표현을 확장하여 제시함. 또한 학습자들이 제시된 어휘 항목을 쉽게 이해하고 학습할 수 있도록 그림이나 사진 또는 어휘 설명을 넣음.
- **어휘 연습:** 배운 어휘를 학습자가 제대로 이해했는지 바로 확인할 수 있도록 그림을 보고 쓰거나 말하는 문제로 제시함.

- **문법:** 해당 항의 문법을 제시함.
- **문법 예문:** 학습자가 예문을 통하여 제시된 문법을 잘 이해할 수 있도록 4개의 문장을 제시함. 언어권별로 번역한 문장을 별책에 수록함.
- **문법 대화:** 학습자가 대화 상황을 통해 제시된 문법을 잘 이해할 수 있도록 두 개의 대화를 보여 줌. 언어권별로 번역한 대화를 별책에 수록함.
- **문법 연습:** 배운 문법을 맥락 안에서 적절히 사용할 수 있도록 만든 문제로 제시된 <보기>를 보고 문제에 답할 수 있도록 함.

- **연습해 봅시다:** 각 항의 문법을 모두 아울러 말할 수 있도록 함.
- **<보기> 대화:** 보기의 대화를 제시하여 학습자가 쉽게 연습할 수 있도록 함.

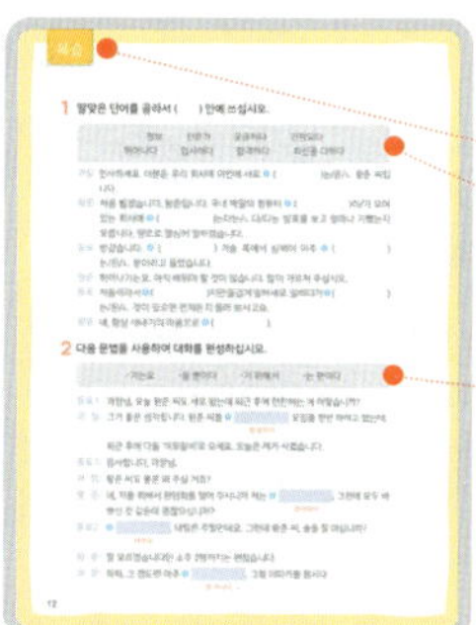

- **복습:** 과 전체의 어휘와 문법을 확인 학습할 수 있도록 함.
- **1번:** 알맞은 어휘를 골라 대화나 글을 완성하도록 함. 과 전체 어휘를 모두 아우르는 문제로 본문, 대화 어휘와 확장 어휘를 모두 복습·확인할 수 있도록 함.
- **2번:** 과 전체 문법을 모두 아우르는 문제로 네 개의 문법 항목을 하나의 담화 상황에서 사용하여 연습할 수 있도록 함.

- **연습 문제:** 항별로 배운 어휘와 문법을 연습할 수 있도록 함.
- **어휘:** 알맞은 어휘를 골라 각 문장을 완성하는 문제로 본문 대화 어휘를 연습하도록 함.
- **1번:** 두 문장을 연결하여 한 문장으로 쓰기, 문장 바꾸기 등의 단순한 문법 연습으로 이루어짐.
- **2번:** 대화를 완성하거나 스스로 문장을 만드는 등의 문제를 통해 맥락 안에서 문법을 사용할 수 있게 연습하도록 함.

단원구성

과	소단원	문법	대화 어휘	확장 어휘
1과 소개	<1> 힘들기는요	-기는요 -을 뿐이다	기술, 꿈, 동기, 신입생, 전문가, 정보, 학과, 입학하다	강의, 과목, 새내기, 성적, 입학식, 장학금, 재학생, 졸업생
	<2> 일이 좀 많은 편입니다	-기 위해서 -는 편이다	실력, 최선, 궁금하다, 긴장되다, 낯설다, 뛰어나다, 입사하다, 지내보다	사회생활, 생년월일, 성별, 이력서, 자기소개, 특기, 학력, 도전하다, 합격하다
2과 학교생활	<1> 지금 잠깐 쉬려던 참이었어요	-으려던 참이었다 -기만 하다	개인적, 상담, 상담실, 일정표, 가능하다, 선택하다, 이용하다, 그렇지 않아도	상담 내용, 온라인 상담, 전화 상담, 진학 상담, 취업 상담, 면담하다, 의논하다
	<2> 학교생활을 즐기려면 동아리에 가입해야지	-어야지요 -어 보이다	각자, 전시회, 가입하다, 돌아다니다, 친하다, 활동하다	국악, 발표회, 연주회, 합창, 회원, 회장, 들다[1]
3과 집	<1> 익숙해서 그런지 아파트가 좋아요	-는다면 -어서 그런지	공간, 단독 주택, 정원, 가꾸다, 갖추다[1], 관리하다, 상쾌하다	고층, 교육 환경, 자연환경, 저층, 편의 시설, 편리하다, 환하다
	<2> 학교도 보이고요	피동 -어 있다	난방, 냉방, 부동산, 수도, 신혼부부, 통하다, 확실하다, 당연히	걸리다, 깨지다, 꺼지다, 꽂히다, 끊기다, 놓이다, 닫히다, 들리다, 먹히다, 바뀌다, 보이다[1], 쌓이다, 쓰이다, 씻기다[1], 안기다, 잡히다, 쫓기다, 찍히다, 찢어지다, 켜지다, 팔리다
4과 일상생활	<1> 중요한 물건은 미리 챙겨 놓으시면 좋습니다	-을지 -을지 -어 놓다	비용, 예정, 포장 이사, 들다[2], 챙기다, 혹시	싸다, 옮기다, 잡다, 정리하다
	<2> 재활용품은 수요일에 버려야 한대	-는대요 아무	벌금, 비닐, 재활용품, 두다, 버리다, 따로따로, 제대로	건전지, 종량제 봉투, 음식물 쓰레기, 일반 쓰레기, 형광등, 가득하다, 치우다

과	소단원	문법	대화 어휘	확장 어휘
5과 음식과 요리	<1> 한국에 온 지 얼마 안 됐잖아요	-었더니 -잖아요	기본적, 첫인상, 놀라다, 당황스럽다, 창피하다, 찾아뵈다, 쳐다보다, 깜짝	겨우, 결국, 괜히, 되게, 잔뜩, 차츰, 하도
	<2> 영양이 아주 풍부하다면서요?	-고 나서 -는다면서요?	영양, 간단하다, 서투르다, 풍부하다, 골고루, 한꺼번에	간식, _끼, 야식, 인스턴트식품, 조리 시간, 간편하다, 굶다
6과 병원	<1> 약을 먹었는데도 기침이 나요	-는데도 -기가 쉽다	국제 진료 센터, 기온, 당일, 아침저녁, 진찰, 내려가다, 앓다	수납, 식후, 접수, 진찰실, 처방전, 체온, 체중, 복용하다
	<2> 다 나으려면 얼마나 걸릴까요?	-을지도 모르다 -으려면2	발목, 뼈, 엑스레이, 진통제, 회복, 삐다, 처방하다, 촬영하다	안과, 여드름, 정형외과, 증상, 피부과, 가렵다, 쓰러지다, 어지럽다
7과 문화생활	<1> 이미 매진됐을 거예요	이라든가 -었을 것이다	일시, 좌석, 대단하다, 매진되다, 상영하다, 그리	경기장, 공연장, 관람객, 상영관, 경기하다, 공연하다, 관람하다
	<2> 이 뮤지컬은 인기가 많은가 봐요	-나 보다 -는다고 생각하다	감동, 세계적, 연기, 주인공, 알려지다, 표현하다, 훌륭하다	감동적, 대사, 무대, 작품, 주제, 환상적, 신나다, 지루하다
8과 생활 습관	<1> 어머니께서 식사 시간을 지키게 하셨어요	-는 대신에 -게 하다	규칙적, 기운, 습관, 식욕, 불규칙하다, 대충, 뜻대로	과식, 과음, 금연, 금주, 소식, 음주, 편식, 흡연, 게으르다, 끊다, 부지런하다
	<2> 운동하니까 좋던데 이튼 씨도 해 보세요	-으면서도 -던데	안색, 영양제, 헬스클럽, 내다, 밤늦게, 적당히, 정신없이	운동 부족, 근육이 생기다, 살이 빠지다, 살이 찌다, 운동량이 늘다, 피로가 쌓이다, 피로가 풀리다

과	소단원	문법	대화 어휘	확장 어휘
9과 문제와 해결	<1> 선반 위에 올려놓고서 그냥 내렸어요	-고서 -을 뻔하다	선반, 역무실, 유실물 센터, 큰일, 어떡하다, 급히, 다행히	부상, 비상벨, 안전띠, 틈, 갇히다, 끼이다, 당하다, 빠지다[1]
	<2> 오늘 맡기시면 2~3일 정도 걸린다고 합니다	사동 -으니까[2]	수리, 화면, 맡기다, 번거롭다, 보이다[2]	깨우다, 낮추다, 녹다, 녹이다, 눕히다, 늦추다, 맡다, 먹이다, 살리다, 세우다, 속다, 속이다, 숨기다, 숨다, 신기다, 씻기다[2], 앉히다, 알리다, 울리다, 웃기다, 읽히다, 입히다, 재우다, 죽이다, 채우다, 태우다
10과 실수와 사과	<1> 그만 하늘 씨한테 보내고 말았어요	-는다는 것이 -고 말다	속마음, 표정, 감추다, 나타나다, 들키다, 부끄러워하다, 그만, 하긴	겁을 내다, 겁이 나다, 나타내다, 시간이 나다, 혼을 내다, 혼이 나다, 화가 나다, 화를 내다
	<2> 제가 리나 씨를 좀 놀렸거든요	-거든요 -을까 봐	장난, 진심, 걸다, 놀리다, 사과하다, 상하다, 알아주다	까먹다, 깜박하다, 사이좋다, 어기다, 오해하다, 착각하다, 풀다[1], 풀리다, 화해하다

차례

등장인물 | Main characters

에릭 파커
- 미국
- 한국어학당 학생
- 한국전자 직원

존 카마우
- 케냐
- 한국어학당 학생
- 교환학생

사토 유키
- 일본
- 한국어학당 학생
- 기자

리타오
- 중국
- 한국어학당 학생
- 대학 입학 예정자

노라 한슨
- 노르웨이
- 한국어학당 학생
- 대학원 입학 예정자

최주앙
- 브라질
- 한국어학당 학생
- 대학 휴학생

응웬 흐엉
- 베트남
- 한국어학당 학생

레오 마르탱
- 프랑스
- 한국어학당 학생
- 요리사

올리비아 스미스
- 호주
- 한국어학당 학생
- 외교관

이윤아
- 한국
- 대학생

정하늘
- 한국
- 대학생

김우진
- 한국
- 한국전자 직원

1과

소개

01 힘들기는요

대화 어휘 기술, 꿈, 동기, 신입생, 전문가, 정보, 학과, 입학하다

확장 어휘 강의, 과목, 새내기, 성적, 입학식, 장학금, 재학생, 졸업생

문법 -기는요

-을 뿐이다

02 일이 좀 많은 편입니다

대화 어휘 실력, 최선, 궁금하다, 긴장되다, 낯설다, 뛰어나다, 입사하다, 지내보다

확장 어휘 사회생활, 생년월일, 성별, 이력서, 자기소개, 특기, 학력, 도전하다, 합격하다

문법 -기 위해서

-는 편이다

1. 힘들기는요

MP3 / 01

- 학생들이 무엇을 하고 있습니까?
- 언제 환영회를 합니까? 환영회에서 무엇을 합니까?

장슈잉: 안녕하십니까? 저는 정보 기술 전문가의 꿈을 가지고 컴퓨터공학과에 입학한 신입생 장슈잉입니다. 앞으로 선배님들 그리고 동기 여러분들과 잘 지냈으면 좋겠습니다.

선　배: 우리 학과에 온 걸 다시 한번 축하한다. 지난번 오리엔테이션 때 보고 2주 만이네. 대학 생활이 처음이어서 힘들지?

장슈잉: 힘들기는요. 선배님들이 친절하게 가르쳐 주셔서 잘 지내고 있습니다. 감사합니다.

선　배: 먼저 경험한 것들을 알려 줬을 뿐이야. 이거 내 전화번호인데 힘든 일이 있으면 연락해.

정보　기술　전문가　꿈　학과　입학하다　신입생　동기

입학식

새내기 재학생

졸업생

강의

대학 영어	A+
국제정치론	A
인터넷과 정치	B+
골프	A+

과목 성적

장학금

- 신입생 환영회 안내 문자 메시지를 받았습니다. 빈칸을 채우고 대화를 완성하십시오.

신입생 환영회

❶(입학식을)을/를 한 지 벌써 2주일이 되었습니다. 경영학과 ❷(　　　) 여러분, 대학 생활을 즐기고 있습니까?

이번에 우리 학과에서 신입생을 환영하는 작은 모임을 하려고 합니다. 환영회에 와서 교수님들과 선배님들한테서 대학 생활에 도움이 되는 정보도 얻고 동기들과도 더 가까워지는 즐거운 시간을 보내십시오.

❸(　　　)은/는 회비를 준비해 주시고 새내기들은 인사와 소개를 재미있게 준비해 주십시오.

- 언　　제: 3월 19일(목), 오후 4:00 ~ 6:00
- 어디에서: 101호

※ 회비: 만원 (재학생)

신입생1: 신입생 환영회에 갈 거야?

신입생2: 응, 가서 선배들도 좀 사귀고 선배들한테 ❹(　　　)을/를 잘 받는 방법도 좀 물어보려고. 다음 학기에는 ❺(　　　)을/를 꼭 받고 싶어.

신입생1: 그래? 그럼 같이 가자. 나도 ❻(　　　)을/를 들으면서 모르는 게 좀 있어서 선배들에게 물어보고 싶었는데.

1 -기는요

- 일을 다 끝내기는요. 아직 시작도 못 했는데요.
- 숙제를 안 하기는요. 다 했는데 깜빡 잊고 안 가지고 왔어요.
- 시험이 쉽기는요. 아는 것보다 모르는 것이 더 많았어요.
- 한국말을 잘하기는요. 쉬운 말밖에 못 해요.

가: 영수 씨, 발표 준비는 다 했어요?
나: 다 하기는요. 아직 시작도 못 했어요.

가: 한국말을 참 잘하시네요.
나: 잘하기는요. 아직도 모르는 게 많아요.

- 흐엉 씨가 한국 친구 유정 씨를 초대했습니다. 보기 와 같이 이야기하십시오.

보기

유정: 흐엉 씨, 이렇게 초대해 줘서 고마워요.
흐엉: <u>**고맙기는요**</u>. 바쁜데 와 줘서 제가 감사하지요.

2 -을/ㄹ 뿐이다

- 그 사람 이름만 알 뿐이에요. 다른 것은 잘 몰라요.
- 건강이 좋아진 특별한 방법은 없어요. 아침마다 산책을 했을 뿐이에요.
- 고맙기는요. 시간이 있어서 조금 도왔을 뿐이에요.
- 미정 씨는 같은 반 친구일 뿐이에요. 제 여자 친구가 아니에요.

가: 영수 씨, 얼굴이 안 좋아 보여요.
어디 아프세요?
나: 괜찮아요. 좀 피곤할 뿐이에요.

가: 도와주셔서 감사합니다.
나: 감사하기는요. 제가 해야 할 일을
했을 뿐입니다.

• 리타오 씨 얼굴에 문제가 생겼습니다. 보기 와 같이 이야기하십시오.

보기 유키

① 올리비아

② 에릭

③ 주앙

④ 레오

⑤ 노라

보기

리타오: 모두들 어떻게 그렇게 얼굴이 깨끗해요?
유　키: 특별한 것은 없어요. 물을 많이 **마실 뿐이에요**.

연습해 봅시다

- 보기 와 같이 이야기하십시오.

안나

보기 한국말	쉬운 말만 조금 할 수 있다.
① 한국 음식	김치찌개만 만들 수 있다.
② 한국 여행	유명한 관광지만 몇 곳 갔다.

보기

친구: 안나 씨, 한국말을 잘하세요?

안나: 잘하기는요. 쉬운 말만 조금 할 수 있을 뿐이에요.

2. 일이 좀 많은 편입니다

- 두 사람은 어디에서 무엇을 하고 있습니까?
- 여러분은 처음 출근한 날 어떻게 인사하겠습니까?

과　장: 첫 출근이라서 긴장되시지요? 우리 회사는 일이 좀 많은 편이지만 이영수 씨를 도와줄 동료들이 많습니다. 잘 지내봅시다.

이영수: 네, 열심히 일하겠습니다.

과　장: 이영수 씨, 영어 실력이 아주 뛰어나다고 들었습니다.

이영수: 무역 회사에 입사하기 위해서 열심히 준비했습니다.

과　장: 좋습니다. 처음에는 좀 낯설겠지만 금방 회사 생활에 익숙해질 거예요. 궁금한 것이 있으면 언제든지 물어보세요.

이영수: 감사합니다, 과장님. 최선을 다하겠습니다.

긴장되다　지내보다　실력　뛰어나다　입사하다　낯설다　궁금하다　최선

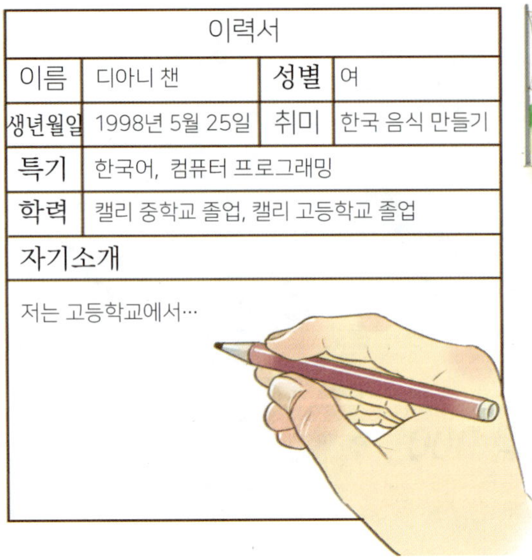

합격하다

사회생활

도전하다

• 보기 와 같이 빈칸을 채우고 여러분의 자기소개 글을 쓰십시오.

보기 이력서			
이름	이영수		
❶	1998년 4월 8일	❷	남
❸	한국 고등학교 졸업 / 대한 대학교 경영학과 졸업		
❹	영어, 중국어 / 태권도		
취미	외국 영화 보기, 요리		
❺			

국제 무역에 관심이 많은 저는 중학생 때부터 중국어 공부를 열심히 했습니다. 주말에는 제 특기인 태권도를 외국인 친구들에게 가르쳐 주고 있습니다. …… 항상 새로운 일에 ❻(　　　　　)는/은/ㄴ 마음으로 최선을 다해 열심히 일하겠습니다. 입사 시험에 꼭 ❼(　　　　　)고 싶습니다.

자기소개

1 -기 위해서

- 저는 세계 여행을 하기 위해서 외국어를 공부해요.
- 저는 선생님이 되기 위해서 교육학을 전공할 거예요.
- 제 동생은 중국으로 유학을 가기 위해서 중국어를 공부하고 있어요.
- 이튼 씨는 친구들을 위해서 고향 음식을 만들었어요.

가: 우디 씨, 왜 그렇게 열심히 공부해요?
나: 공무원 시험에 합격하기 위해서 열심히 공부해요.

가: 코넨 씨, 날마다 이렇게 운동하시는 거예요?
나: 네, 저는 건강을 위해서 날마다 운동을 해요.

● 보기 와 같이 이야기하십시오.

마이클 씨는
보기 한국에 왔어요.
1 한국말을 배워요.
2 열심히 돈을 모아요.
3 주말에도 일을 해요.
4 언어 교환을 해요.
5 날마다 운동을 해요.

마이클

한국어	한국 회사
건강	한국 친구
대학원	학비

보기

가: 마이클 씨는 왜 한국에 오셨어요?
나: 저는 한국어를 **배우기 위해서** 한국에 왔어요.

2 -는/은/ㄴ 편이다

- 저는 한 달에 다섯 번 이상 극장에 가니까 자주 가는 편이에요.
- 코리 씨가 노래를 잘 못한다고요? 그 정도면 잘하는 편이지요.
- 플릭 씨는 키가 큰 편이지요.
- 안느 씨, 한국 음식을 처음 만들었는데 이 정도면 맛있는 편이지요.

가: 주디 씨, 토미 씨는 어떤 사람이에요?
나: 말이 별로 없는 편이지만 같이 있으면 재미있어요.

가: 날이 이렇게 더운데 집까지 30분이나 걸어가야 해요. 너무 멀어요.
나: 그 정도면 가까운 편이지요. 저는 한 시간 이상 걸려요.

- 노라 씨의 생활에 대해서 보기 와 같이 이야기하십시오.

4월

일	월	화	수	목	금	토
		1 보기 닭갈비	2 ① 약속 (주디)	3 ② 반 모임	4 전화(엄마) 약속 (주디)	5 전화(엄마) 영화
6 운동	7 ③ 노래방	8 전화(엄마)	9 약속 (주디) ④ 영화	10 발표 모임 닭갈비	11 약속 (주디) 노래방	12 영화
13 약속 (주디) 닭갈비	14 ⑤ 전화(엄마)	15 영화 (주디)	16 동창모임 노래방	17 운동	18 전화(엄마) /반 모임	19 노래방 약속 (주디)

보기

노라 씨는 매운 음식을 좋아해서 닭갈비를 자주 **먹는 편이에요**.

연습해 봅시다

● 보기 와 같이 이야기하십시오.

보기		한국어를 배우고 싶었다. 그래서 작년에 한국에 왔다. 1년이나 배웠는데 한국말을 잘 못한다.
①		다음 시험을 잘 봐야 한다. 그래서 열심히 공부한다. 지난번 시험에서 70점을 받았기 때문이다.
②		방학에 해외여행을 가고 싶다. 그래서 요즘 아르바이트를 한다. 그런데 모은 돈이 80만 원밖에 없다.

보기

가: 저는 한국어를 **배우기 위해서** 작년에 한국에 왔어요. 한국어를 배운 지 1년이 넘었는데 아직도 한국말을 잘 못해서 걱정이에요.

나: 그 정도면 **잘하는 편이니까** 너무 걱정하지 마세요.

복습

1 알맞은 단어를 골라서 (　　) 안에 쓰십시오.

정보　　전문가　　최선　　궁금하다　　긴장되다
뛰어나다　　입사하다　　합격하다

과장: 인사하세요. 이분은 우리 회사에 이번에 새로 ❶ (　　　　　　)는/은/ㄴ 왕준 씨입니다.

왕준: 처음 뵙겠습니다. 왕준입니다. 국내 제일의 컴퓨터 ❷ (　　　　　　)이/가 모여 있는 회사에 ❸ (　　　　　　)는다는/ㄴ다는/다는 발표를 보고 얼마나 기뻤는지 모릅니다. 앞으로 열심히 일하겠습니다.

동료: 반갑습니다. ❹ (　　　　　　) 기술 쪽에서 실력이 아주 ❺ (　　　　　　)는/은/ㄴ 분이라고 들었습니다.

왕준: 뛰어나기는요. 아직 배워야 할 것이 많습니다. 많이 가르쳐 주십시오.

동료: 처음이라서 ❻ (　　　　　　)겠지만 즐겁게 일하세요. 일하다가 ❼ (　　　　　　)는/은/ㄴ 것이 있으면 언제든지 물어 보시고요.

왕준: 네, 항상 새내기의 마음으로 ❽ (　　　　　　)을/를 다하겠습니다.

2 다음 문법을 사용하여 대화를 완성하십시오.

-기는요　　-을 뿐이다　　-기 위해서　　-는 편이다

동료1: 과장님, 오늘 왕준 씨도 새로 왔는데 퇴근 후에 한잔하는 게 어떻습니까?

과　장: 그거 좋은 생각입니다. 왕준 씨를 ❶ ________ (환영하다) 모임을 한번 하려고 했는데. 퇴근 후에 다들 '이모갈비'로 오세요. 오늘은 제가 사겠습니다.

동료1: 감사합니다, 과장님.

과　장: 왕준 씨도 물론 와 주실 거죠?

왕　준: 네, 저를 위해서 환영회를 열어 주시니까 저는 ❷ ________ (감사하다). 그런데 모두 바쁘신 것 같은데 괜찮으십니까?

동료2: ❸ ________ (바쁘다). 내일은 토요일인데요. 그런데 왕준 씨, 술을 잘 마십니까?

왕　준: 소주 2병까지는 괜찮습니다.

과　장: 하하, 그 정도면 아주 ❹ ________ (잘 마시다). 그럼 이따가 봅시다.

2과

학교생활

01 지금 잠깐 쉬려던 참이었어요

대화 어휘 개인적, 상담, 상담실, 일정표, 가능하다, 선택하다, 이용하다, 그렇지 않아도

확장 어휘 상담 내용, 온라인 상담, 전화 상담, 진학 상담, 취업 상담, 면담하다, 의논하다

문법 -으려던 참이었다

-기만 하다

02 학교생활을 즐기려면 동아리에 가입해야지

대화 어휘 각자, 전시회, 가입하다, 돌아다니다, 친하다, 활동하다

확장 어휘 국악, 발표회, 연주회, 합창, 회원, 회장, 들다[1]

문법 -어야지요

-어 보이다

1. 지금 잠깐 쉬려던 참이었어요

MP3 / 03

- 여러분은 학교 홈페이지를 이용해 본 적이 있습니까?
- 학교 홈페이지에서 무엇을 알 수 있습니까?

노라: 유키 씨, 개인적인 일로 물어볼 게 있는데 지금 바빠요?

유키: 괜찮아요. 그렇지 않아도 지금 잠깐 쉬려던 참이었어요.

노라: 제가 한국에서 아르바이트를 하고 싶은데 어디에서 어떻게 알아봐야 할지 모르겠어요.

유키: 학교 상담실을 이용해 보는 게 어때요? 학교 홈페이지에 들어가면 상담 안내와 일정표가 있어요. 예약 가능한 시간을 선택하고 신청하면 돼요.

노라: 고마워요. 항상 이렇게 도움을 받기만 해서 어떻게 하지요?

개인적 그렇지 않아도 상담실 이용하다 상담 일정표 가능하다 선택하다

• 빈칸을 채우고 보기 와 같이 이야기하십시오.

한국에서 대학교에 가려고 한다. → ① (진학) 상담

한국 회사에 입사하려고 한다. → ② (   ) 상담

- 선생님을 직접 만나서 ③ (   ).
- 전화로 이야기할 수 있는 ④ (   )을/를 받고 싶다.
- 인터넷을 이용해서 ⑤ (   )을/를 받고 싶다.

보기

저는 고등학교 때 진학 상담을 받은 적이 있어요. 제가 어느 대학교에 가야 할지 친구들과 의논해 봤지만 결정하기가 힘들었어요. 선생님께 상담을 받고 대학교를 결정할 수 있었어요.

1 -으려던/려던 참이었다

- 저도 지금 점심을 먹으려던 참이었어요.
- 그렇지 않아도 네게 부탁하려던 참이었어.
- 저도 커피를 마시려던 참이었어요. 같이 가요.
- 그렇지 않아도 노라 씨한테 연락하려던 참이었어요.

가: 3시 기차를 타려면 지금 출발해야 될 것 같은데요.
나: 그렇지 않아도 이제 출발하려던 참이었어요.

가: 에릭 씨, 지금 통화할 수 있어요?
나: 네, 유키 씨, 저도 유키 씨에게 전화하려던 참이었어요.

● 보기 와 같이 이야기하십시오.

보기

가: 저는 지금 사무실에 갈 건데 같이 갈 사람 있어요?
나: 저도 신청서를 내러 사무실에 **가려던 참이었어요**. 같이 가요.

2 -기만 하다

- 제 친구는 책을 사기만 하고 읽지는 않아요.
- 아이가 밥도 안 먹고 울기만 해요.
- 어제 잠을 못 자서 영화를 볼 때 계속 졸기만 했어요.
- 주말에 저는 쉬지도 않고 공부만 했어요.

가: 어머니께서 요리를 하실 때 마리아 씨도 같이 했어요?
나: 아니요, 저는 옆에서 보기만 했어요.

가: 일요일에 밀린 집안일을 좀 했어요?
나: 아니요, 너무 피곤해서 쉬기만 했어요.

보기 와 같이 광고를 완성하십시오.

보기

건강해지고 싶으세요?

1
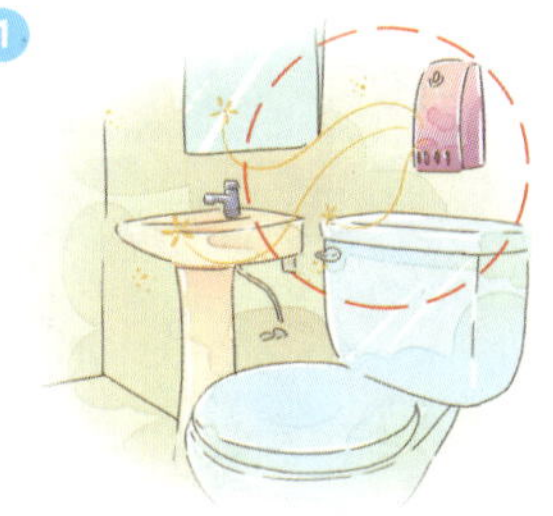
매일 청소해도 냄새가 납니까?

2
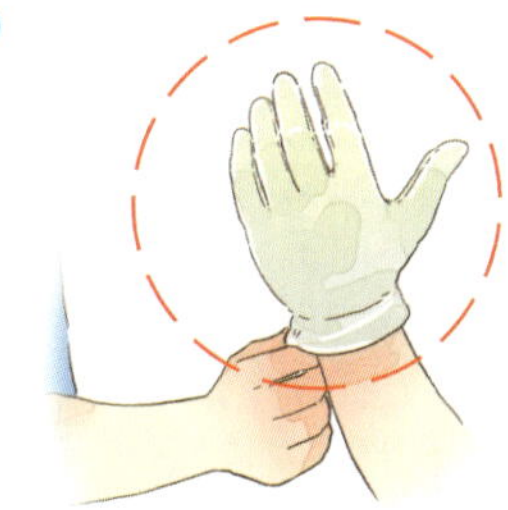
핸드크림이 없어도 돼요.

3

예뻐지고 싶으세요?

4
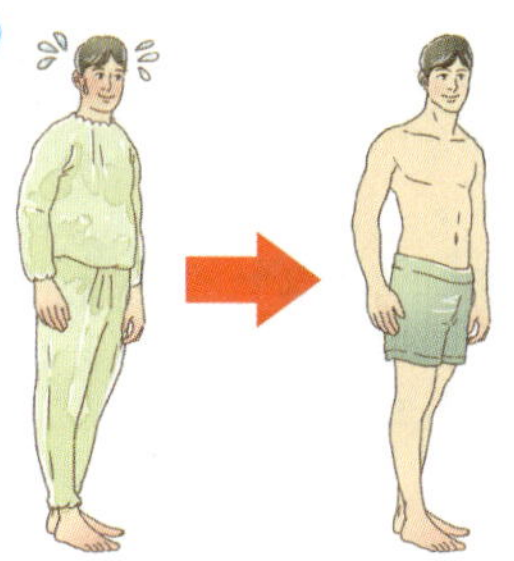
힘들게 운동하지 마세요.

5

고기 냄새, 담배 냄새가 싫으세요?

보기

건강해지고 싶으세요? 하루에 30분 **앉기만 하세요**.

연습해 봅시다

● 보기 와 같이 이야기하십시오.

보기 나나

1 미나

2 헨리

보기

친구: 나나야, 그렇게 **먹기만 하면** 안 돼. 나하고 운동하러 가자.

나나: 그래, 나도 운동하러 **가려던 참이었어**.

2. 학교생활을 즐기려면 동아리에 가입해야지

- 그림에 있는 동아리는 무슨 동아리인 것 같습니까?
- 여러분은 무슨 동아리에 들었습니까? 거기에서 무엇을 했습니까?

하나: 저기 모인 사람들은 뭘 하고 있어요? 아주 재미있어 보여요.

선배: 사진 동아리인데 친한 친구가 같이 하자고 해서 나도 작년에 가입했어. 사진에 관심이 있어?

하나: 네, 고등학교 때부터 관심이 많았어요. 보통 어떤 활동을 해요?

선배: 국내 여러 곳을 돌아다니면서 사진을 찍어. 각자 찍은 사진을 정리해서 일 년에 한 번 전시회도 하고.

하나: 재미있겠어요. 그런데 저는 전공 공부하기도 힘든데 동아리 활동까지 할 수 있을까요?

선배: 바쁘겠지만 학교생활을 즐기려면 동아리에 가입해야지.

친하다　가입하다　활동하다　돌아다니다　각자　전시회

국악 동아리

합창 동아리

동아리에 들다

회원 회장

발표회

연주회

• 빈칸을 채우고 보기 와 같이 이야기하십시오.

환영합니다!

안녕하세요?
① (합창) 동아리,
'아하!' 입니다.
노래를 즐기는 사람이면
누구든지 좋습니다.
한 학기에 한 번 학교에서
② ( )을/를
합니다.
관심이 있으신 분은 동아리
③ ( )에게
연락해 주세요.

사진 동아리에서 신입
④ ( )을/를
찾습니다.

· 신입생은 모두 동아리에 ⑤ ( ) 을/ㄹ 수 있습니다.

· 여러 곳을 돌아다니면서 사진을 찍습니다.

· 일 년에 한 번 전시회를 합니다.

⑥ ( )동아리,
'한소리'에 오세요!

우리의 악기,
우리의 소리를 배웁시다!

매주 동아리 선배들과
연습하고 방학에는
⑦ ( )도
합니다.

보기

가: 동아리에 가입하려고 하는데 무슨 동아리가 좋을까?
나: 합창 동아리는 어때? 너는 노래 부르는 걸 좋아하니까 합창 동아리에 들면 좋을 거야.
가: 어떤 활동을 해?
나: 한 학기에 한 번 학교에서 발표회를 해.

1 -어야지요/아야지요/여야지요

- 약속을 했으면 지켜야지요.
- 담배는 밖에 나가서 피워야지.
- 2시까지 도착하려면 지금 출발해야지요.
- 산에 올라갈 때는 불편한 신발을 신지 말아야지.

가: 요즘 회사일 때문에 잠을 못 자서 너무 피곤해.
나: 일이 많아도 무리하지 말고 좀 쉬어야지.

가: 영수 씨가 저에게만 한 이야기를 실수로 다른 사람에게 말했어요.
나: 비밀 이야기는 다른 사람에게 말하지 말아야지요.

• 남자는 방을 정리하지 않고 외출했다가 돌아왔습니다. 보기 와 같이 이야기하십시오.

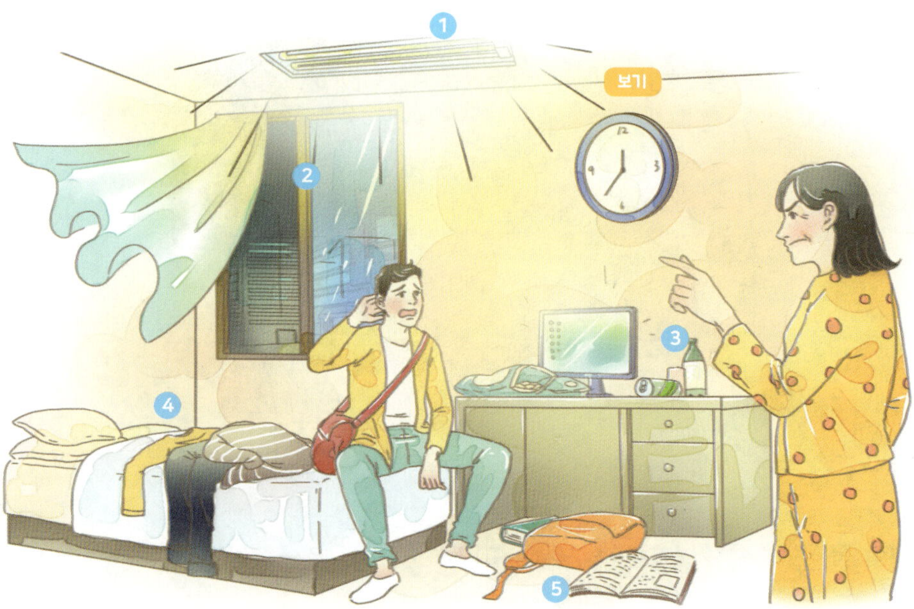

보기

어머니: 12시가 넘었는데 왜 이제 들어오니?
아　들: 친구하고 놀다가 좀 늦었어요.
어머니: 늦어도 12시 전에는 <u>**들어와야지**</u>.

2 -어/아/여 보이다

- 더러웠던 방을 청소하니까 방이 넓어 보여요.
- 흐엉 씨는 나이보다 어려 보여요.
- 요즘 일이 많아요? 피곤해 보여요.
- 어제 친척 결혼식에 갔는데 신랑과 신부가 아주 행복해 보였어요.

가: 이 영화가 재미있어 보이는데 우리 이 영화를 볼까요?
나: 좋아요. 저도 보고 싶었던 거예요.

가: 정말 예쁜 케이크네요. 맛있을 것 같아요.
나: 네, 저도 맛있어 보여서 샀어요.

- 윤아 씨가 여행 준비를 하고 있습니다. 보기 와 같이 이야기하십시오.

쇼핑할 물건	① 모자 ② 원피스 ③ 선글라스 ④ 가방 ⑤ 신발

보기

윤아: 이번 여름에 유럽으로 여행을 가는데 예쁜 사진을 많이 찍고 싶어. 머리는 짧게 자르는 게 좋을까, 지금처럼 긴 게 좋을까?
친구: 여름이니까 짧게 자르는 게 좋지 않을까? **어려 보일** 거야.

연습해 봅시다

• 보기 와 같이 이야기하십시오.

보기 희선

❶ 매트

❷ 메이린

보기

친구: 희선아, 오늘 좀 **피곤해 보인다**.

희선: 어제 일이 너무 많아서 잠도 못 자고 밤 11시까지 일했어.

친구: 아무리 일이 많아도 잠은 **자야지**.

복습

1 알맞은 단어를 골라서 (   ) 안에 쓰십시오.

각자	연주회	회원	들다	활동하다

제인: 어제 친한 선배가 ① (   )는/은/ㄴ 국악 동아리의 ② (   )에 갔는데 정말 멋있었어요. 동아리 ③ (   )들이 ④ (   ) 다른 악기로 연주하는 소리가 하나가 되는 게 정말 아름다웠어요.

수우: 국악 동아리도 재미있을 것 같아요. 저도 동아리에 ⑤ (   )고 싶어서 무슨 동아리가 좋을지 생각 중인데요.

발표회	일정표	가능하다	이용하다

제인: 연극 동아리는 어때요? 수우 씨는 고등학교 때 취미로 연기를 했다고 했지요?

수우: 네, 그렇지만 연극 동아리는 들어가기가 힘들다고 들었어요.
동아리 ⑥ (   )을/를 봤는데 일 년에 두 번 ⑦ (   )도 있어서 연습할 시간이 많이 필요할 것 같아요.

제인: 그럼 학교 홈페이지의 동아리 소개 사이트에 들어가 보세요. 우리 학교 학생이면 누구든지 ⑧ (   )을/ㄹ 수 있어요. 어떤 동아리가 나에게 맞을지 상담도 ⑨ (   )고요.

수우: 좋은 정보네요. 오늘 꼭 들어가 봐야겠어요.

2 다음 문법을 사용하여 대화를 완성하십시오.

-으려던 참이었다	-기만 하다	-어야지요	-어 보이다

가: 방학 잘 보냈어? 나는 날씨가 추워서 집에만 있었어. 운동은 하지 않고 계속 ① ________ 어서/아서/여서 살이 찐 것 같아.
(먹다)

나: 날씨가 춥고 움직이기 싫어도 ② ________. 나는 이번 방학에 수영을 배우기 시작했어. 지난번에 만났을 때 내가 말했지?
(운동을 하다)

가: 응, 그렇지 않아도 오늘 만나서 네가 다니는 수영장이 어디인지 ③ ________.
(물어보다)
네 이야기를 듣고 나도 배워 볼까 생각 중이야.

나: 위치와 전화번호를 가르쳐 줄게. 너도 꼭 시작해. 수영을 하니까 몸도 가벼워지고 옛날보다 ④ ________ 는다는/ㄴ다는/다는 이야기를 많이 들어.
(건강하다)

3과

집

01 익숙해서 그런지 아파트가 좋아요

대화 어휘 공간, 단독 주택, 정원, 가꾸다, 갖추다[1], 관리하다, 상쾌하다

확장 어휘 고층, 교육 환경, 자연환경, 저층, 편의 시설, 편리하다, 환하다

문법 -는다면

-어서 그런지

02 학교도 보이고요

대화 어휘 난방, 냉방, 부동산, 수도, 신혼부부, 통하다, 확실하다, 당연히

확장 어휘 걸리다, 깨지다, 꺼지다, 꽂히다, 끊기다, 놓이다, 닫히다, 들리다, 먹히다, 바뀌다, 보이다[1], 쌓이다, 쓰이다, 씻기다[1], 안기다, 잡히다, 쫓기다, 찍히다, 찢어지다, 켜지다, 팔리다

문법 피동

-어 있다

MP3 / 05

1. 익숙해서 그런지 아파트가 좋아요

- 여러분은 어떤 곳에서 살고 싶습니까?
- 여러분의 고향 집은 어떻습니까?

에릭: 흐엉 씨, 한국에서 계속 산다면 어떤 집에서 살고 싶어요?

흐엉: 음, 저는 정원을 가꿀 수 있는 단독 주택에서 살고 싶어요.

에릭: 단독 주택은 관리하기가 힘들지 않을까요?

흐엉: 관리는 좀 힘들겠지만 단독 주택은 우리 가족만을 위한 공간이어서 좋을 것 같아요. 언제든지 정원에 나가서 상쾌한 공기도 마실 수 있고요.

에릭: 저는 아파트가 익숙해서 그런지 아파트가 좋아요. 여러 가지 시설을 갖추고 있어서 생활도 편리하고요.

정원 가꾸다 단독 주택 관리하다 공간 상쾌하다 갖추다[1]

어휘

교육 환경

자연환경

편의 시설

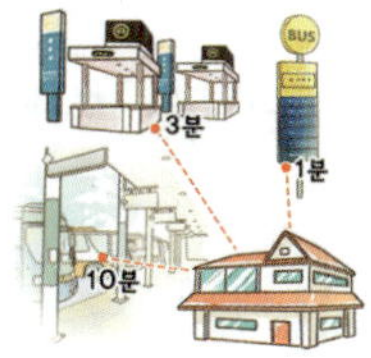

편리하다

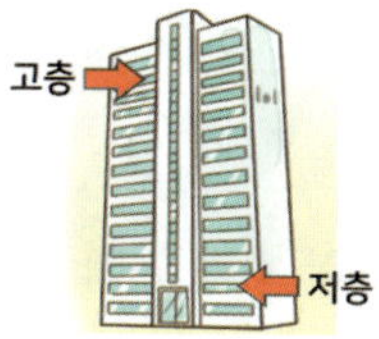

고층　　저층

전망

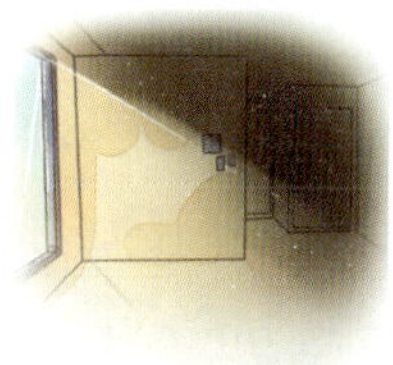

환하다　　어둡다

• 누가 어디에 살면 좋을까요? 빈칸을 채우고 보기 와 같이 이야기하십시오.

산에 있어서
① (자연환경이)~~이/가~~
좋고 조용하다.
교통이 불편하다.

② (　　　　　)이/가 많고
교통이 ③ (　　　　　).
창문이 작아서 ④ (　　　　　).

학교와 도서관이 있어서
⑤ (　　　　　)이/가 좋다.
집이 남쪽을 보고 있어서
⑥ (　　　　　).
편의 시설이 없다.

⑦ (　　　　　)이고 강이 보여서
⑧ (　　　　　)이/가 좋다.
자연환경도 좋고 교통도 편리하다.
집값이 비싸다.

보기

보기

차가 있는 노인 부부는 남산에 있는 아파트에 살면 좋을 것 같아요. 교통은 조금 불편하겠지만 자연환경이 좋고 조용해서 편하게 지낼 수 있습니다.

1 -는다면/ㄴ다면/다면

- 마음에 드는 사람을 찾는다면 결혼할 거예요.
- 만약 10억이 생긴다면 집을 사고 싶어요.
- 시험이 없다면 정말 행복할 것 같아요.
- 내가 너라면 담배를 피우지 않겠어.

가: 뭐든지 만들 수 있다면 뭘 만들고 싶어요?
나: 뭐든지 만들 수 있다면 젊어지는 약을 만들고 싶어요.

가: 과거로 돌아갈 수 있다면 언제로 돌아가고 싶어?
나: 유치원 때로 돌아가고 싶어. 그때는 친구만 있으면 행복했어.

- 모두 즐거운 생각을 하고 있습니다. 보기 와 같이 이야기하십시오.

보기

유키: 주앙 씨, 뭐든지 할 수 **있다면** 뭘 하고 싶어요?
주앙: 축구 선수가 되고 싶어요.
유키: 축구 선수가 **된다면** 뭘 하고 싶어요?
주앙: 축구 선수가 **된다면** 월드컵 축구 대회에 나가고 싶어요.

2 -어서/아서/여서 그런지

- 요즘 과로해서 그런지 자주 머리가 아파요.
- 근처에 공원이 있어서 그런지 집값이 비싸요.
- 요즘 날씨가 더워서 그런지 입맛이 없어요.
- 유명한 관광지여서 그런지 비가 와도 사람이 많군요.

가: 존 씨는 참 똑똑한 것 같아요.
나: 책을 많이 읽어서 그런지 아는 것이 많아요.

가: 이 가방은 디자인은 예쁜데 너무 비싼 것 같아요.
나: 너무 비싸서 그런지 사람들도 구경만 하고 안 사네요.

- 존 씨와 윤아 씨는 놀이공원에 갔습니다. 보기 와 같이 이야기하십시오.

보기

존: 놀이공원이 바닷가에 **있어서 그런지** 아주 춥네요.

연습해 봅시다

• 보기 와 같이 이야기하십시오.

보기

노라: 제주도에 가는 관광객이 많은가요?

윤아: 네, 경치가 **아름다워서 그런지** 제주도에는 항상 관광객이 많아요.

노라: 그렇군요. 친구들과 시간을 맞출 수 **있다면** 저도 친구들과 같이 한번 가 보고 싶네요.

2. 학교도 보이고요

- 여러분은 이사를 해 본 적이 있습니까?
- 이사할 집을 결정할 때 가장 중요하게 생각하는 것은 무엇입니까?

올 리 비 아: 방이 크고 환해서 좋네요. 학교도 보이고요.
부동산 직원: 네, 전망이 좋은 데다가 신혼부부가 살던 집이라서 깨끗합니다. 바람도 잘 통해서 시원하고요.
올 리 비 아: 수도하고 냉방이나 난방에 문제가 없는 건 확실하지요?
부동산 직원: 그럼요. 문제가 생기면 당연히 집주인이 고쳐 드리니까 걱정하지 마세요.
올 리 비 아: 집이 마음에 드는데 언제 이사할 수 있을까요?
부동산 직원: 집이 비어 있으니까 계약만 하시면 언제든지 가능합니다.

부동산 신혼부부 통하다 수도 냉방 난방 확실하다 당연히

-이-	놓이다, 바뀌다, 보이다, 쌓이다, 쓰이다
-히-	꽂히다, 닫히다, 먹히다, 잡히다, 찍히다
-리-	걸리다, 들리다, 열리다, 팔리다
-기-	끊기다, 씻기다, 안기다, 쫓기다
-어지다-	깨지다, 꺼지다, 찢어지다, 켜지다

• 보기와 같이 알맞은 단어로 바꿔서 쓰십시오.

보기 바꾸다	바뀌다	11) 듣다	
1) 깨다		12) 안다	
2) 잡다		13) 켜다	
3) 먹다		14) 걸다	
4) 찢다		15) 쫓다	
5) 닫다		16) 열다	
6) 끄다		17) 보다	
7) 끊다		18) 놓다	
8) 쌓다		19) 찍다	
9) 팔다		20) 씻다	
10) 쓰다		21) 꽂다	

문법

1 피동

- 올리비아 씨 집에서는 학교가 잘 보여요.
- 도둑이 경찰에게 잡혔어요.
- 미라 씨와 통화하고 있었는데 갑자기 전화가 끊겼어요.
- 핸드폰이 고장 난 것 같아요. 버튼을 눌러도 켜지지 않아요.

가: 제 이야기가 잘 들리세요?
나: 잘 안 들려요. 좀 더 크게 말씀해 주세요.

가: 미라야, 공책이 바뀌었어. 여기 이게 네 공책이야.
나: 그래? 공책이 똑같아서 바뀐 줄 몰랐어.

- 핸드폰 매장 직원이 핸드폰을 소개합니다. 보기와 같이 이야기하십시오.

Y10 핸드폰이 인기가 많아요.

보기 요즘 이 핸드폰을 제일 많이 팔아요.
1. 엘리베이터 안에서도 전화를 걸 수 있어요.
2. 엘리베이터에서 전화를 끊지 않아도 돼요.
3. 소리를 잘 들을 수 있어요.
4. 화면이 커서 내용을 잘 볼 수 있어요.
5. 사진을 예쁘게 찍을 수 있어요.

보기

직원: 요즘 Y10 핸드폰이 제일 많이 **팔립니다**.

2 -어/아/여 있다

- 고양이 밥그릇이 비어 있네요.
- 책상 위에 교과서가 놓여 있었어요.
- 가방에 무엇이 들어 있었어요?
- 미선 씨 방에 불이 켜져 있네요.

가: 미라 씨, 집이 좀 추워요.
나: 창문이 열려 있는데 닫을까요?

가: 윤아야, 내 모자가 어디에 있지?
나: 저기 옷걸이에 걸려 있어.

- 이팅 씨가 집에 도착했을 때 본 모습입니다. 보기 와 같이 이야기하십시오.

깨지다　　남다　　놓이다　　떨어지다　　서다　　열리다　　안기다　　앉다

보기

경찰: 집에 도착했을 때 본 모습을 설명해 주십시오.

이팅: 제가 집에 도착했을 때 문 앞에 이웃집 사람들이 **서 있었어요**.

연습해 봅시다

- 오늘은 유키 씨 생일입니다. 보기 와 같이 이야기하십시오.

보기

선생님: 유키 씨, 기분이 아주 좋아 보이네요. 무슨 좋은 일이 있었어요?

유　키: 제가 오늘 학교에 아주 일찍 왔는데요. 교실 문이 **열려 있고** 반 친구들도 다 **와 있었어요**. 그런데……

선생님: 궁금해요. 유키 씨, 계속 이야기해 보세요.

복습

1 알맞은 단어를 골라서 (　　) 안에 쓰십시오.

갖추다　　보이다　　편리하다　　환하다　　당연히

에 나: 고층이라서 전망이 참 좋네요. 한강도 ❶ (　　　　　)고요.

직 원: 이 정도 전망이면 ❷ (　　　　　) 마음에 드실 겁니다. 집값은 좀 비싸지만 편의 시설을 다 ❸ (　　　　　)고 있어서 생활하기가 ❹ (　　　　　)을/ㄹ 거예요.

에 나: 집도 아주 밝고 ❺ (　　　　　)어서/아서/여서 마음에 드네요.

관리하다　　들리다　　상쾌하다　　통하다

직 원: 바로 옆에 큰 공원이 있어서 환경도 좋고요. ❻ (　　　　　)는/은/ㄴ 공기를 마시면서 운동도 하실 수 있어요.

에 나: 공원에서 운동하는 사람들 때문에 좀 시끄러울 것 같은데요?

직 원: 걱정하지 마세요. 20층이라서 시끄러운 소리는 안 ❼ (　　　　　)을/ㄹ 거예요.

에 나: 이 아파트는 냉난방을 각자 ❽ (　　　　　)나요/은가요/ㄴ가요?

직 원: 네, 그런데 문을 열어 놓으면 바람이 잘 ❾ (　　　　　)어서/아서/여서 에어컨을 사용할 일이 별로 없습니다.

2 다음 문법을 사용하여 대화를 완성하십시오.

-는다면　　-어서 그런지　　피동　　-어 있다

안 느: 제니 씨, 입구에 붙은 거 봤어요? 이번 여름 방학에 무료로 여행을 갈 수 있는 학교 프로그램 안내가 ❶ ________ (붙다).

제 니: 네, 저도 봤어요. 아르바이트 때문에 가기 힘들 것 같지만 ❷ ________ (시간이 되다) 저도 꼭 가고 싶어요.

안 느: 곧 ❸ ________ (방학) 아르바이트를 찾는 친구들이 많네요.

제 니: 안느 씨도 아르바이트를 한다는 말이 ❹ ________ (들다) 던데요. 어디에서 아르바이트를 하는 거예요?

안 느: 집 근처에 있는 편의점에서요. 방학을 하는 다음 주부터 일할 거예요.

4과

일상생활

01 중요한 물건은 미리 챙겨 놓으시면 좋습니다

대화 어휘 비용, 예정, 포장 이사, 들다[2], 챙기다, 혹시

확장 어휘 싸다, 옮기다, 잡다, 정리하다

문법 -을지 -을지

-어 놓다

02 재활용품은 수요일에 버려야 한대

대화 어휘 벌금, 비닐, 재활용품, 두다, 버리다, 따로따로, 제대로

확장 어휘 건전지, 종량제 봉투, 음식물 쓰레기, 일반 쓰레기, 형광등, 가득하다, 치우다

문법 -는대요

아무

MP3 / 07

1. 중요한 물건은 미리 챙겨 놓으시면 좋습니다

- 직원들이 무엇을 하고 있습니까?
- 여러분은 이사를 할 때 무엇이 제일 힘듭니까?

에릭: 이사 비용이 얼마나 들지 알아보고 싶은데요.

직원: 언제쯤 이사할 예정이십니까?

에릭: 이번 달 말에 할지 다음 달 초에 할지 아직 결정하지 못했어요. 혹시 비용이 달라지나요?

직원: 평일과 주말은 비용이 다릅니다. 주말에 하시면 좀 더 비쌉니다.

에릭: 짐은 제가 직접 싸야 하나요?

직원: 포장 이사를 하시면 저희가 짐은 다 싸 드립니다. 하지만 중요한 물건은 미리 챙겨 놓으시면 좋습니다.

비용 들다[2] 예정 혹시 포장 이사 챙기다

잡다: 이사 날짜를 / 손을 / 모기를

챙기다: 이삿짐을 / 생일을 / 동생을

싸다: 이삿짐을 / 선물을 / 가방을

옮기다: 이삿짐을 / 회사를 / 자리를

정리하다: 이삿짐을 / 통장을 / 생각을

• 빈칸에 알맞은 단어를 쓰십시오.

1. 겨울이 되기 전에 이사하려고 이사 날짜를 급하게 (잡았다).
   복잡한 곳에서는 아이의 손을 꼭 (잡)고 다니세요.

2. 중요한 물건은 미리 ( )어서/아서/여서 가방에 넣었다.
   잊지 않고 내 생일을 ( )어/아/여 준 친구들에게 고맙다고 인사를 했다.

3. 친구들이 와서 이삿짐을 ( )는/은/ㄴ 것을 도와주었다.
   친구에게 줄 선물을 예쁜 꽃무늬 종이로 ( ).

4. 이삿짐센터 직원들이 와서 방 안에 있는 짐을 밖으로 ( ).
   지금 다니는 회사는 일이 너무 힘들어서 다른 회사로 ( )으려고/려고 한다.

5. 아직 이삿짐을 다 ( )지 못해서 물건들을 찾으려면 시간이 좀 걸린다.
   나는 생각을( )을/ㄹ 때 보통 메모를 한다.

문법

1 -을지/ㄹ지 -을지/ㄹ지

- 저는 친구 결혼식 때 원피스를 입을지 바지를 입을지 생각 중이에요.
- 저는 기숙사에 살지 하숙집에 살지 아직 결정하지 못했어요.
- 이번 학기에 역사 수업을 들을지 문화 수업을 들을지 생각하고 있어요.
- 다음 방학 때 고향에 갈지 여행을 갈지 아직 잘 모르겠어요.

가: 링링 씨, 졸업 후에 뭘 할 거예요?
나: 대학원에 갈지 일을 할지 아직 결정하지 못했어요.

가: 마리아 씨, 여행을 가면 어디에서 잘 거예요?
나: 호텔에서 잘지 친구 집에서 잘지 생각 중이에요.

- 진아 씨가 유학을 생각하고 있습니다. 보기 와 같이 이야기하십시오.

보기

친구: 진아 씨, 어느 나라로 유학을 갈지 결정했어요?
진아: 미국으로 **갈지** 캐나다로 **갈지** 아직 모르겠어요.

2 -어/아/여 놓다

- 시원하게 마시려고 냉장고에 음료수를 넣어 놓았어요.
- 내일 아침에는 시간이 없을 것 같아서 가방을 미리 싸 놓았어요.
- 휴가철에 여행을 가려면 미리 기차표를 예매해 놓아야 해요.
- 이제 요리를 시작할 테니까 재료들을 꺼내 놓으세요.

가: 내일이 노라 씨 생일인데 케이크는 준비했어요?
나: 네, 제가 만들어 놓았어요.

가: 저한테 전화 온 거 없어요?
나: 책상 위를 보세요. 제가 메모해 놓았어요.

- 수지 씨의 회의 준비 메모입니다. 보기 와 같이 이야기하십시오.

오늘 10시 회의 준비

보기 회의 장소 청소 V
1) 회의 때 사용할 마이크와 노트북 빌리기 V
2) 회의 때 볼 서류 정리 V
3) 회의 때 마실 음료수 준비 V
4) 회의 장소의 에어컨 켜기 V
5) 회의 후 식사 장소 예약 V

보기

과장: 수지 씨, 회의 장소 청소는 다 됐습니까?
수지: 네, **청소해 놓았습니다**.

연습해 봅시다

● 보기 와 같이 이야기하십시오.

보기 부산 여행	기차를 타고 가려고 한다. 잘 곳은 아직 결정하지 못했다. 호텔이 좋을까? 친구 집이 좋을까?
① 생일 파티	리에 씨 생일 파티를 중국집에서 하려고 한다. 선물은 아직 생각 중이다. 티셔츠가 좋을까? 모자가 좋을까?
② 언니 선물	언니에게 한국 화장품을 보내려고 한다. 어떻게 보낼지 아직 결정하지 못했다. 항공편으로 보낼까? 고향에 가는 친구에게 부탁할까?

보기

가: 부산에 어떻게 갈 거예요?

나: 기차를 타고 갈 거예요. 표를 **예매해 놓았어요**.

가: 어디에서 잘 거예요?

나: 호텔에서 **잘지** 친구 집에서 **잘지** 아직 결정하지 못했어요.

2. 재활용품은 수요일에 버려야 한대

- 이 사람은 무엇을 하고 있습니까?
- 여러분은 쓰레기를 어떻게 버립니까?

리타오: 어? 그거 어제 문 밖에 둔 쓰레기 아니야? 왜 다시 가지고 왔어?

앤 디: 집에 오는 길에 하숙집 아주머니를 만났는데 이렇게 버리면 안 된다고 하셔서 가지고 왔어.

리타오: 그럼 어떻게 해야 된대?

앤 디: 재활용품은 수요일에 버려야 한대.

리타오: 그래? 아무 때나 버리면 안 되는구나.

앤 디: 응, 그리고 종이와 병, 비닐을 따로따로 버리래. 재활용품을 제대로 버리지 않으면 벌금을 내야 한대.

두다　버리다　재활용품　비닐　따로따로　제대로　벌금

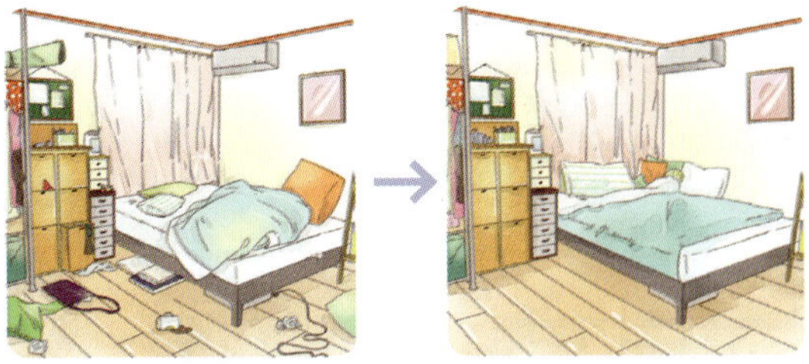

치우다

가득하다

음식물 쓰레기

일반 쓰레기

재활용품

건전지

형광등

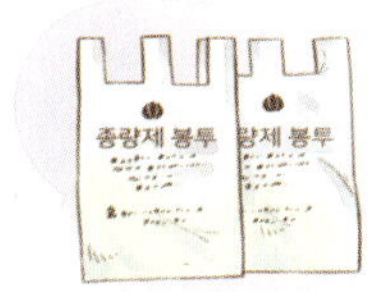

종량제 봉투

• 빈칸을 채우고 여러분 나라에서 쓰레기를 어떻게 버리는지 이야기하십시오.

방을 ❶ (치우면)~~으면/면~~ 쓰레기가 많이 나오지요? 쓰레기통에 쓰레기가 ❷ (　　　　　)으면/면 쓰레기를 버려야 합니다. 한국에서는 쓰레기를 어떻게 버려야 할까요?

종이나 병, 플라스틱처럼 다시 사용할 수 있는 ❸ (　　　　　)은/는 따로따로 모아서 버려야 합니다. 그리고 요리할 때나 식사 후에 나오는 ❹ (　　　　　)과/와 재활용이 안 되는 ❺ (　　　　　)은/는 각각 ❻ (　　　　　)에 담아서 버려야 합니다. 다 쓴 ❼ (　　　　　)이나/나 ❽ (　　　　　)은/는 따로 버리는 상자에 모아서 버려야 합니다.

여러분 나라에서는 쓰레기를 어떻게 버립니까?

1 -는대요/ㄴ대요/대요

- 에릭 씨가 다음 달에 고향에 돌아간대요.
- 고향 친구한테서 어제 전화가 왔는데 저에게 잘 지내고 있내요.
- 윤아 씨가 내일 날씨가 추우니까 따뜻한 옷을 입고 오래요.
- 친구가 주말에 시간이 있으면 같이 놀러 가재.

가: 유키 씨가 왜 아직 안 오지요?
나: 아까 연락이 왔는데 조금 늦는대요.

가: 조금 전에 리타오가 뭐라고 했어?
나: 오늘 점심을 같이 먹재.

- 흐엉 씨에게서 받은 문자 메시지입니다. 보기 와 같이 이야기하십시오.

흐엉

흐엉
안녕? 잘 지냈어?
보기 이번 주 토요일에 여의도로 벚꽃 구경 가자. ① 유키 씨와 레오 씨도 같이 갈 거야. ② 토요일 2시에 신촌역에서 만나기로 했어. ③ 공원에서 자전거도 탈 거니까 편한 옷을 입고 와. ④ 그리고 그날 다같이 저녁을 먹는게 어때? ⑤ 그럼 연락 기다릴게.
오전9:49

보기
가: 흐엉한테서 문자 메시지가 왔어? 뭐라고 해?
나: 이번 주 토요일에 여의도로 벚꽃 구경을 **가재**.

2 아무

- 여기는 아무나 들어갈 수 있어요?
- 이번 주는 한가하니까 아무 때나 연락하세요.
- 목이 마르니까 마실 것이 있으면 아무거나 주세요.
- 검은색 구두는 아무 옷에나 다 잘 어울려요.

가: 내일 파티에 무슨 옷을 입고 가야 돼요?
나: 중요한 자리가 아니니까 아무 옷이나 입어도 돼요.

가: 오늘 한 귀걸이가 정말 예쁘다. 학교 앞에서 샀어?
나: 아니, 이건 디자이너가 직접 만든 거라서 아무 데서나 팔지 않아.

- 기숙사와 요가 센터 이용 방법입니다. 보기 와 같이 이야기하십시오.

[한빛 기숙사]

보기 외국인 학생만 이용 가능

① 휴게실, 샤워실은 24시간 이용 가능

② 요리는 부엌에서만 가능

③ 일반 쓰레기는 기숙사 정문 앞에 버리기

[요가 센터]

요가를 배우고 싶으신 분들,

모두 환영합니다!

<이용 방법>

④ 원하는 시간에 오시면 됩니다.

⑤ 편한 옷을 입고 오세요.

보기

가: 이 기숙사는 학생이면 **아무나** 이용할 수 있어요?
나: 아니요, 외국 학생만 이용할 수 있어요.

연습해 봅시다

• 보기 와 같이 이야기하십시오.

보기 에릭 생일 파티 장소	장소는 가까운 곳이면 다 좋아요. 선물은 제가 준비할게요.	
① 반 모임 시간	리타오 씨가 아르바이드를 하니까 6시 이후에는 다 괜찮을 것 같아요. 저녁을 같이 먹는 건 어때요?	
② 집들이 음식	다른 친구들 모두 특별히 싫어하는 음식이 없으니까 다 좋을 것 같아요. 술은 제가 사 가지고 갈게요.	

보기

가: 이번 에릭 씨의 생일 파티는 어디에서 하면 좋을까요? 다른 친구들에게 연락해 봐야겠어요.

나: 그렇지 않아도 어제 존 씨에게 물어봤어요.

가: 그래요? 어디에서 **하재요**?

나: 장소는 가까운 곳이면 **아무 데나 좋대요**. 그리고 선물은 존 씨가 **준비하겠대요**.

복습

1 알맞은 단어를 골라서 (   ) 안에 쓰십시오.

비용　예정　들다　싸다　옮기다　정리하다　챙기다

마크: 2주 후에 이사를 할 ❶ (   )인데 너무 바빠서 아직까지 이삿짐도 못 ❷ (   ).
성준: 포장 이사를 하는 게 어때? 이사 ❸ (   )은/는 좀 더 ❹ (   )겠지만 편할 거야.
마크: 그래? 이삿짐센터에 전화해 봐야겠다. 새 집으로 짐을 ❺ (   )은/ㄴ 후에 물건도 다 ❻ (   )어/아/여 주는 거지?
성준: 그럼. 그래도 중요한 물건은 네가 직접 ❼ (   )는/은/ㄴ 게 좋을 거야.

벌금　일반 쓰레기　재활용품　두다

마크: 혹시 가구 같은 큰 물건은 어떻게 버려야 하는지 알아?
성준: 가구는 버릴 때 돈을 내야 한다고 들었어. ❽ (   )과/와 같이 버리면 ❾ (   )을/를 내야 할 거야.
마크: 그렇구나. 나는 종이나 비닐 같은 ❿ (   )을/를 버리는 곳에 같이 ⓫ (   )으면/면 될 거라고 생각했어. 가르쳐 줘서 고마워.
성준: 고맙기는. 내가 도울 일이 있으면 말해.

2 다음 문법을 사용하여 대화를 완성하십시오.

-을지 -을지　-어 놓다　-는대요　아무

리에: 흐엉 씨, 이번 연휴에 뭐 할 거예요?
흐엉: 글쎄요. ❶ ________________ 아직 결정하지 못했어요.
(친구를 만나다, 집에서 쉬다)
리에: 그럼 저하고 '남산 한옥 마을'에 갈래요? 뉴스에서 들었는데 이번 연휴 동안 무료로 들어갈 수 ❷ ________________.
(있다)
흐엉: 그래요? ❸ ________________ 가도 되는 거예요?
(때)
리에: 밤 9시까지 구경할 수 있고 떡 만들기도 직접 해 볼 수 있대요. 구경하고 근처 식당에서 같이 밥도 먹어요.
흐엉: 좋아요. 그럼 우리 오후에 갈까요? 식당은 제가 ❹ ________________ 을게요/ㄹ게요.
(예약하다)

5과

음식과 요리

01 한국에 온 지 얼마 안 됐잖아요

대화 어휘 기본적, 첫인상, 놀라다, 당황스럽다, 창피하다, 찾아뵈다, 쳐다보다, 깜짝

확장 어휘 겨우, 결국, 괜히, 되게, 잔뜩, 차츰, 하도

문법 -었더니
-잖아요

02 영양이 아주 풍부하다면서요?

대화 어휘 영양, 간단하다, 서투르다, 풍부하다, 골고루, 한꺼번에

확장 어휘 간식, __끼, 야식, 인스턴트식품, 조리 시간, 간편하다, 굶다

문법 -고 나서
-는다면서요?

MP3 / 09

1. 한국에 온 지 얼마 안 됐잖아요

- 이 사람은 무슨 실수를 한 것 같습니까?
- 여러분 나라에서는 식사할 때 무엇을 하면 안 됩니까?

다니엘: 지난 주말에 여자 친구 부모님을 찾아뵀는데 식사 예절을 몰라서 큰 실수를 했어요. 제 첫인상이 안 좋았을 것 같아요.

윤 아: 무슨 실수를 했는데 그렇게 걱정을 하세요?

다니엘: 제가 식사 중에 코를 풀었더니 모두 깜짝 놀라면서 저를 쳐다봤어요. 당황스럽고 창피했어요.

윤 아: 한국에서는 식사할 때 코를 풀면 안 되는데 몰랐군요.

다니엘: 제가 한국에 온 지 얼마 안 됐잖아요. 그래서 아직 기본적인 예절도 잘 몰라요.

윤 아: 걱정하지 마세요. 외국인이니까 이해하실 거예요.

찾아뵈다　첫인상　깜짝　놀라다　쳐다보다　당황스럽다　창피하다　기본적

가득	차다, 넣다, 담다	잔뜩	마시다, 쌓이다, 흐리다

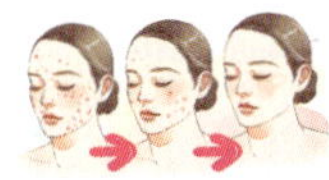

드디어	방학이다, 끝나다	결국	지다	점점	나빠지다, 많아지다	차츰	좋아지다

하도	되게	거의	없다, 다 먹다, 4만원	겨우	다 먹다, 4만원

그냥	그렇다, 좋다, 마시다	괜히	마시다, 불안하다

• 빈칸에 알맞은 단어를 쓰십시오.

1. 출근 시간에는 지하철이 사람들로 (가득) 차요.
   일주일 동안 일을 못 해서 일이 (잔뜩) 밀렸어요.
2. 숙제가 너무 많아서 (　　　) 다 했어요.
   (　　　) 다 했어요. 조금만 기다려 주세요.
3. 오랫동안 기다리던 친구를 오늘 (　　　) 만났어요.
   보고 싶지 않았던 친구를 (　　　) 동창회에서 다시 만나게 됐어요.
4. 너무 피곤해서 씻지도 않고 (　　　) 잤어요.
   (　　　) 비싼 호텔에서 잤어요. 바로 옆에 싸고 좋은 숙박 시설이 있었어요.
5. 치료를 받으면 건강이 (　　　) 좋아질 거예요.
   음식을 잘 먹지 않으면 (　　　) 건강이 나빠질 거예요.
6. 제가 밥을 (　　　) 많이 먹어요.
   저는 요즘 (　　　) 바빠서 밥 먹을 시간도 없어요.

1 -었더니/았더니/였더니

- 제가 오랜만에 고향에 갔더니 친구들이 모두 떠나고 없었어요.
- 오늘 아침에 음식을 급하게 먹었더니 소화가 잘 안돼요.
- 제가 노래를 불러 줬더니 여자 친구가 행복해 했어요.
- 제가 하늘 씨한테 물어봤더니 하늘 씨도 모른대요.

가: 에릭 씨, 어디 아프세요?
나: 며칠 과로했더니 병이 났어요.

가: 링링 씨, 이사할 때 도와줄 사람은 있어요?
나: 네, 제가 다음 주말에 이사한다고 했더니 친구들이 도와주겠대요.

- 리타오 씨는 요즘 한국 생활을 잘하고 있습니다. 보기 와 같이 이야기하십시오.

보기 한국말
1 친구
2 건강
3 돈
4 한국 문화
5 매운 음식

←

보기 언어 교환을 했어요.
태권도를 배웠어요.
동아리에 들었어요.
떡볶이를 자주 먹었어요.
한국 영화를 많이 봤어요.
쇼핑을 자주 하지 않았어요.

보기

친　구: 리타오 씨, 어떻게 그렇게 한국말 실력이 좋아졌어요?
리타오: 언어 교환을 **했더니** 한국말이 빨리 늘었어요.

2 -잖아요

- 잊어버렸어요? 제가 아까 말했잖아요.
- 우리 학교 시험이 좀 어렵잖아요.
- 레오 씨가 요리를 잘하잖아요.
- 내일부터 연휴잖아요.

가: 걱정했는데 시험을 잘 봤어.
나: 내가 걱정하지 말라고 했잖아.

가: 왜 이렇게 열심히 공부해요?
나: 다음 주에 시험이 있잖아요.

- 다음은 요즘 인기가 많은 것입니다. 보기 와 같이 이야기하십시오.

보기

①

②

③

④

⑤

보기

가: 이 드라마는 왜 이렇게 인기가 많을까요?
나: 배우가 **잘생겼잖아요**.

연습해 봅시다

● 보기 와 같이 이야기하십시오.

유키 씨, 요즘
아주 건강해 보여요.

보기 30분 걷기

흐엉 씨,
목감기는 좀 어때요?

① 레몬차 마시기

에릭 씨, 오늘 아주
편하게 입으셨네요.

② 운동화 신고
출근하기

보기

에릭: 유키 씨, 요즘 아주 건강해 보여요.

유키: 매일 30분씩 **걸었더니** 일을 많이 해도 피곤하지 않아요.

에릭: 요즘 공원에 가 보면 걷는 사람들이 많아요.

유키: 걷기가 제일 쉽게 할 수 있는 **운동이잖아요**.

2. 영양이 아주 풍부하다면서요?

- 비빔밥에는 어떤 재료가 들어갑니까?
- 여러분은 한국 음식을 만들어 본 적이 있습니까?

요리사: 오늘은 냉장고에 있는 재료로 누구나 간단하게 만들어서 먹을 수 있는 비빔밥을 만들어 보려고 합니다.

하이디: 선생님, 비빔밥은 영양이 아주 풍부하다면서요?

요리사: 네, 여러 종류의 채소와 고기를 한꺼번에 골고루 먹을 수 있는 음식이니까요.

하이디: 요리에 서투른 사람도 쉽게 만들 수 있을까요?

요리사: 그럼요. 냉장고에서 꺼낸 재료들을 볶고 나서 비벼 먹을 양념만 만들면 돼요. 이제 시작해 볼까요?

간단하다 영양 풍부하다 한꺼번에 골고루 서투르다

어휘

굶다	저는 요즘 다이어트 중이라서 밥을 안 먹어요. 오늘도 굶었어요.
간편하다	컵라면은 뜨거운 물을 넣고 기다리면 바로 먹을 수 있어요. 간편해서 자주 먹어요.
__ 끼	저는 하루에 세 번, 식사는 꼭 챙겨서 먹어요. 한 끼라도 안 먹으면 공부할 때 힘들어요.
조리 시간	'김치볶음밥'은 15분 정도면 만들 수 있어요. 조리 시간이 짧아서 자주 해 먹어요.
인스턴트식품	저는 편의점에서 컵라면이나 냉동 만두 같은 인스턴트식품을 사서 먹을 때가 많아요.
간식	저는 아침과 점심 사이에 빵이나 과자를 먹어요. 저는 항상 간식을 먹어요.
야식	저는 밤에 음식 먹는 것을 즐겨요. 그래서 야식을 자주 먹어요.

● 빈칸을 채우고 광고를 만드십시오.

맛있는 매운 맛이 우리를 찾아왔다!

❶ (조리 시간) 3분

다이어트 한다고 ❷ (   )지 마세요.
국물까지 다 먹어도 269 칼로리
❸ (   )게 3분이면 오케이!
신선한 과일을 넣어서 만든 양념 소스
건강하게 먹을 수 있는 인스턴트식품
영양이 풍부한 ❹ (   )으로/로
늦은 밤 ❺ (   )으로/로
❻ 한 (   ) 식사로도 좋아요.

간편하다. 빠르다. 맛있다. 3분 떡볶이

새로 나왔어요.

7가지 채소와 라면의 만남!
더운 날씨에 입맛이 없는 분
굶지 않고 다이어트 할 방법을 찾고 계신 분

1 -고 나서

- 저는 어제 영화를 보고 나서 늦게 저녁을 먹었어요.
- 미선 씨, 우리 밥을 먹고 나서 커피를 마시러 학교 앞 커피숍에 갈까요?
- 저는 책을 읽고 나서 영화를 보니까 이해하기가 쉬웠어요.
- 노라가 가고 나서 올리비아가 왔어요.

가: 미즈키, 우리 영화부터 보고 나서 밥을 먹을까?
나: 나는 지금 배가 많이 고파. 먼저 밥부터 먹자.

가: 엄마, 저 한 시간만 게임해도 돼요?
나: 숙제를 먼저 다 하고 나서 게임해라.

• 메리 씨는 결혼 준비 때문에 걱정이 많습니다. 보기 와 같이 이야기하십시오.

보기 결혼식 날짜 선택하기 → ① 결혼식 비용 알아보기 → ② 결혼식 장소 고르기 → ③ 초대할 사람 결정하기 → ④ 결혼식 음식 선택하기 → ⑤ 드레스 맞추기 → 결혼식에서 하고 싶은 것 생각해 보기

보기

메리: 결혼식 준비를 해야 하는데 무엇부터 해야 할지 모르겠어요.
신구: 먼저 날짜를 **선택하고 나서** 결혼식 비용을 알아보세요.

2 -는다면서요/ㄴ다면서요/다면서요?

- 요즘 이튼 씨 회사에서 드라마를 찍는다면서요?
- 서울 타워에서 보이는 경치가 그렇게 멋있다면서요?
- 영화 '그 날'에 나오는 남자 배우가 우리 학교 학생이라면서요?
- 미키 씨, 어렸을 때 한국에서 살았다면서요?

가: 우리 학교에 '남자친구들'이 공연하러 온다면서요?
나: 네, 저도 아까 들었어요. 정말 기대가 돼요.

가: 왕명 씨, 이번 방학에 고향에 간다면서요?
나: 네, 어떻게 아셨어요?

- 윤아가 제니의 이야기를 듣고 누리와 이야기합니다. 보기와 같이 이야기하십시오.

보기 주말에 누리하고 둘이 동대문 시장에 갔어.
1. 동대문 시장에는 쇼핑할 곳이 많아.
2. 예쁜 옷도 많이 사고 신발하고 가방도 샀어.
3. 옷 가게 아주머니가 물건 값을 깎아 주셨어.
4. '닭한마리'라는 음식도 먹었어.
5. 다음 주말에 또 가기로 했어.

보기

윤아: 누리야, 주말에 제니하고 동대문 시장에 **갔다면서**?
누리: 응, 제니한테 들었구나. 처음 갔는데 볼거리가 많아서 정말 좋았어.

연습해 봅시다

• 보기 와 같이 이야기하십시오.

보기 상담 예약	① 이삿짐센터 선택	② 음악 동아리 가입
인터넷으로 상담 시간 확인하기 → 상담 신청하기	이사 비용 알아보기 → 이삿짐센터 결정하기	동아리 가입 신청하기 → 간단한 테스트 받기

보기

토니: 맥스 씨, 상담 예약을 **했다면서요**?

맥스: 네, 입사 서류를 준비하는데 혼자 준비하기 어려운 게 있어서요.

토니: 상담 예약은 어떻게 해요?

맥스: 인터넷으로 상담이 가능한 시간을 **확인하고 나서** 상담 신청을 해야 해요.

복습

1 알맞은 단어를 골라서 ( ) 안에 쓰십시오.

기본적 첫인상 간단하다 간편하다 서투르다
창피하다 풍부하다 겨우 잔뜩 하도

수진: 유코 씨, 요리를 잘하는군요. 유코 씨를 처음 만났을 때의 ❶ ( )은/는 집안 일을 안 좋아할 것 같았는데 놀랐어요.

유코: 잘하기는요. 한식 요리는 아직 ❷ ( ). 이제 ❸ ( ) 한 달 배웠어요.

수진: 저는 요리를 너무 못해서 가끔 집에 손님이 오시면 ❹ ( )을/ㄹ 때가 있어요. 그동안 인스턴트식품만 ❺ ( ) 사 놓고 먹었는데 저도 ❻ ( )인 요리 몇 가지는 배워야겠어요.

유코: 제가 볶음밥 맛있게 만드는 법을 가르쳐 드릴까요? 재료도 ❼ ( )고 만들기도 쉬워요. 영양도 ❽ ( )고요.

수진: 가르쳐 주면 고맙지요. 인스턴트식품이 ❾ ( )지만 ❿ ( ) 자주 먹어서 먹기 싫을 때가 많아요.

2 다음 문법을 사용하여 대화를 완성하십시오.

-었더니 -잖아요 -고 나서 -는다면서요?

민수: 존슨 씨, 한국 친구 집에 초대를 ❶ ______ (받다)

존슨: 네, 제가 미선 씨한테 한국 사람들 집이 ❷ ______ (궁금하다고 하다) 미선 씨가 바로 놀러 오라고 초대를 했어요.

민수: 잘됐네요. 그런데 방문 예절은 좀 알고 있어요?

존슨: 아니요, 어떻게 해야 하는지 하나도 몰라요. 아시겠지만 제가 한국에 온 지 얼마 안 됐고 한국 사람 집에도 처음 ❸ ______ (가다).

민수: 너무 걱정하지 마세요. 간단해요. 집에 도착하면 ❹ ______ (인사를 하다) 집에 들어가기 전에 먼저 신발을 벗으세요. 그리고 거실에 가면 존슨 씨가 먼저 앉지 말고 미선 씨 부모님이 앉으실 때까지 기다리세요.

6과

병원

01 약을 먹었는데도 기침이 나요

대화 어휘 국제 진료 센터, 기온, 당일, 아침저녁, 진찰, 내려가다, 앓다

확장 어휘 수납, 식후, 접수, 진찰실, 처방전, 체온, 체중, 복용하다

문법 -는데도

-기가 쉽다

02 다 나오려면 얼마나 걸릴까요?

대화 어휘 발목, 뼈, 엑스레이, 진통제, 회복, 삐다, 처방하다, 촬영하다

확장 어휘 안과, 여드름, 정형외과, 증상, 피부과, 가렵다, 쓰러지다, 어지럽다

문법 -을지도 모르다

-으려면[2]

MP3 / 11

1. 약을 먹었는데도 기침이 나요

- 에릭 씨는 무엇을 하고 있습니까?
- 여러분은 한국에서 병원에 간 적이 있습니까?

영민: 에릭 씨, 감기가 아직도 다 안 나았어요?

에릭: 네, 약을 먹었는데도 기침이 계속 나요. 이렇게 오래 감기를 앓은 적이 없는데 힘드네요.

영민: 병원에 가서 진찰을 받아 보는 게 어때요?

에릭: 그렇게 해야겠어요. 한국말이 서툴러서 국제 진료 센터에서 진찰을 받고 싶은데 오늘 예약이 될까요?

영민: 당일은 예약이 안 될 거예요. 먼저 전화로 예약이 가능한 날짜를 확인해 보세요.

에릭: 네, 요즘은 아침저녁으로 기온이 많이 내려가서 감기에 걸리기가 쉬워요. 영민 씨도 조심하세요.

앓다 진찰 국제 진료 센터 당일 아침저녁 기온 내려가다

체중

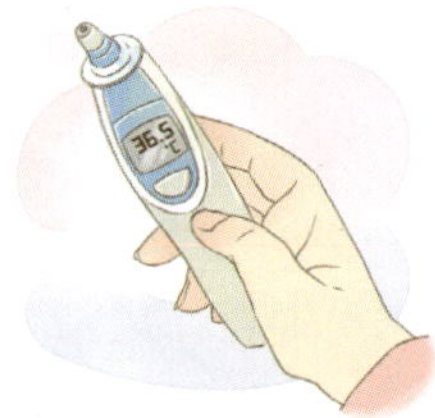

체온

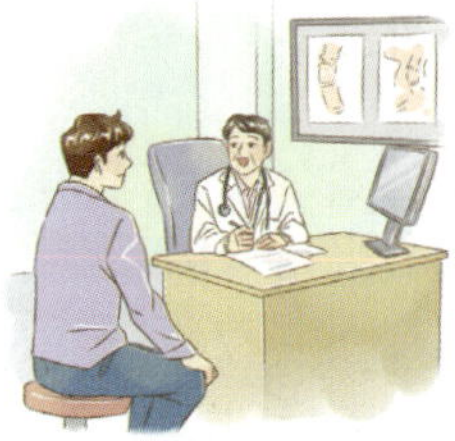
진찰실

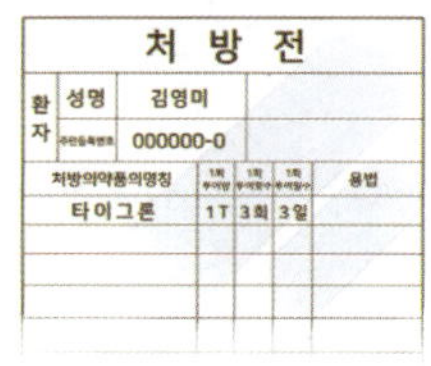

처방전

접수

수납

식후

복용하다

- 빈칸을 채우고 보기 와 같이 이야기하십시오.

여기에 이름과 생년월일, 연락처를 쓰고 기다리세요. ① 10분 후에 당일 (접수를)을/를 시작합니다.	진찰을 받기 전에 먼저 ② (　　　) 과/와 체온을 재고 오세요. 그리고 ③ (　　　) 앞에서 기다리세요.	④ (　　　)을/를 받은 후에 ⑤ (　　　)하는 곳에서 돈을 내세요.	이 약은 하루에 세 번, ⑥ (　　　)에 ⑦ (　　　) 으세요/세요.

보기

저는 몸살감기가 너무 심해져서 국제 진료 센터에 갔어요. 예약을 하지 않아서 일찍 갔어요. 8시 50분에 병원에 도착했는데 간호사가 당일 접수는 9시부터 시작한다고 해서 기다렸어요.

문법

1 -는데도/은데도/ㄴ데도

- 저는 날마다 운동을 하는데도 건강이 별로 좋아지지 않아요.
- 날씨가 추운데도 공원에 운동하는 사람들이 많아요.
- 평일인데도 극장에 사람들이 많았어요.
- 저는 주말에 푹 쉬었는데도 감기가 낫지 않아서 병원에 갔다 왔어요.

가: 영수 씨, 요즘도 테니스 연습을 열심히 하고 있어요?
나: 네, 하지만 날마다 연습을 하는데도 실력이 늘지 않아요.

가: 오늘은 날씨가 정말 춥지요?
나: 네, 두꺼운 코트를 입고 있는데도 추워서 몸이 떨려요.

- 보기 와 같이 이야기하십시오.

보기 150만원 넘는 휴대 전화, 월 5,000대 이상 팔려
1. 평일 인천 공항 하루 이용자 19만 명 넘어
2. 취업 못 하는 대학 졸업자 많아
3. 영어 학원 다니는 중학생, 영어로 말 못해
4. 세일하는 백화점들, 손님 줄어 걱정
5. 1,000원 이상 오른 기름값, 길에 차는 더 많아져

보기

가: 요즘 나오는 휴대 전화들은 참 비싼 것 같아요.
나: 가격이 **비싼데도** 한 달에 5,000대 이상 팔린대요.

2 -기가 쉽다

- 계절이 바뀌는 때에는 감기에 걸리기가 쉬워요.
- 유리 제품은 깨지기가 쉬워요.
- 틀리기가 쉬운 문제를 공책에 써 놓았어요.
- 비가 온 후라서 뛰면 넘어지기가 쉽겠어요. 천천히 갑시다.

가: 요즘 회사 일 때문에 너무 바빠서 동창회 날짜를 잊어버렸어.
나: 바빠서 기억을 못 했구나. 잊어버리기가 쉬운 날짜는 메모해 놓는 게 좋아.

가: 주말이라서 그런지 사람도 많고 길이 정말 복잡하네요.
나: 너무 복잡해서 길을 잃기가 쉽겠어요. 지도를 보면서 갑시다.

• 보기 와 같이 이야기하십시오.

보기

1

2

3

4

5

보기

손을 **다치기가 쉬우니까** 조심하세요.

연습해 봅시다

• 보기 와 같이 이야기하십시오.

보기

1

2

보기

가: 나는 아르바이트를 네 개나 **하는데도** 항상 돈이 없어.

나: 네 개나 한다고? 그렇게 무리를 하면 **병나기가 쉬워**.

2. 다 나으려면 얼마나 걸릴까요?

- 주앙 씨는 왜 병원에 간 것 같습니까?
- 여러분은 한국에서 아팠던 적이 있습니까? 어디가 어떻게 아팠습니까?

의사: 어떻게 오셨습니까?

주앙: 축구를 하다가 넘어져서 발목을 삐었어요. 괜찮을 줄 알았는데 처음보다 많이 부었어요.

의사: 어디 봅시다. 심하게 부었네요.

주앙: 다 나으려면 얼마나 걸릴까요?

의사: 움직이지 말고 푹 쉬면 금방 회복이 될 거예요. 그래도 혹시 뼈에 이상이 있을지도 모르니까 엑스레이 촬영을 해 봅시다.

주앙: 많이 아픈데 진통제를 처방해 주실 수 있나요?

의사: 네, 처방해 드릴 테니까 아플 때만 드세요.

발목　삐다　회복　뼈　엑스레이　촬영하다　진통제　처방하다

증상	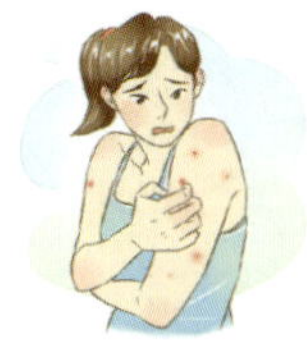 가렵다	 어지럽다	 쓰러지다	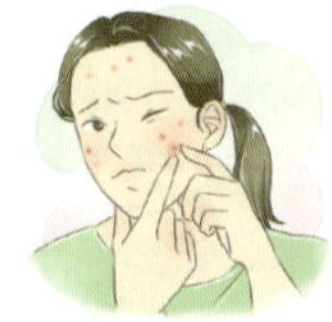 여드름이 나다

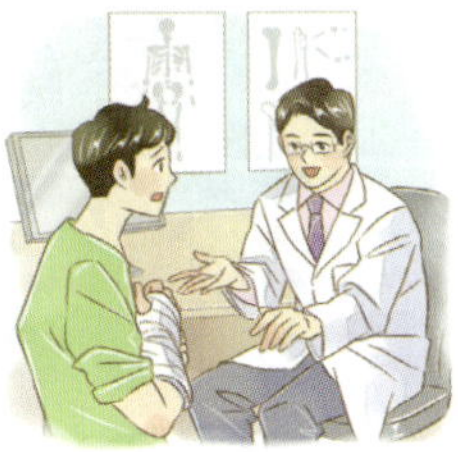

정형외과

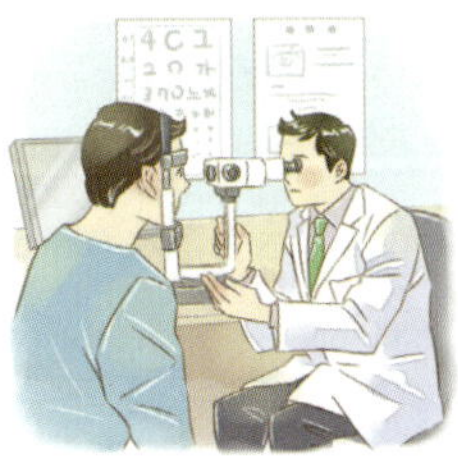

안과

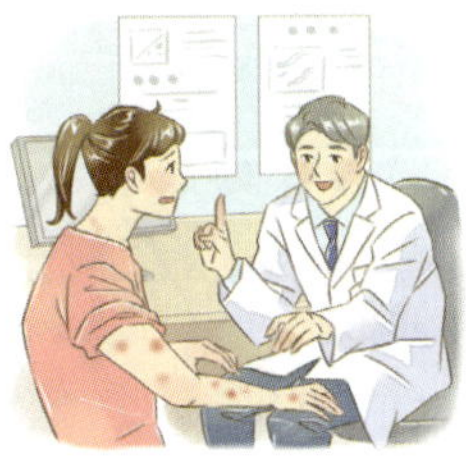

피부과

- 다음을 연결하고 보기 와 같이 여러분의 경험을 이야기하십시오.

1. 콧물이 많이 나고 몸이 계속 떨려요. 감기에 걸린 것 같아요. — 내과
2. 계단을 내려가다가 넘어졌는데 걸을 수 없어요.
3. 눈이 가려워서 계속 만졌더니 빨개졌어요.
4. 요즘 두통이 심하고 어지러워요. 얼마 전에는 쓰러지기도 했어요.
5. 여드름이 많이 나서 걱정이에요.

- 내과
- 안과
- 피부과
- 정형외과

보기

저는 그저께부터 콧물이 많이 나고 몸이 계속 떨렸어요. 감기에 걸린 것 같았지만 회사 일이 많아서 쉬지 못했어요. 늦게까지 일했더니 증상이 더 심해졌어요. 그래서 오후에 내과에 갔는데 의사 선생님이 과로하지 말고 며칠 동안 푹 쉬라고 하셨어요.

1 -을지도/ㄹ지도 모르다

- 날씨가 추운데 친구가 밖에서 기다릴지도 몰라서 서둘러서 나왔어요.
- 오늘은 늦을지도 모르니까 기다리지 마세요.
- 그 공연은 인기가 많아서 늦게 가면 자리가 없을지도 몰라요.
- 신청 기간이 끝났을지도 모르니까 다시 확인해 보세요.

가: 올리비아 씨가 계속 전화를 안 받아요.
나: 자고 있을지도 몰라요.

가: 지금 학교에 가면 선생님을 만날 수 있을까?
나: 안 계실지도 모르니까 먼저 연락을 드려 보자.

- 하늘 씨에게 무엇이 필요합니까? 보기 와 같이 이야기하십시오.

보기

하늘: 다음 주에 해외여행을 가는데 뭘 가지고 가야 하지?
친구: 잊지 말고 약을 꼭 챙겨 가. 갑자기 **아플지도 모르잖아**.

2 -으려면/려면[2]

- 밥이 다 되려면 10분 남았다.
- 이 나무에 꽃이 피려면 아직 멀었어요.
- 집에 도착하려면 지금부터 1시간은 더 가야 돼요.
- 다친 팔이 다 나으려면 앞으로 2주 더 치료를 받아야 한다.

가: 회의 전에 잠깐 감기약을 사러 약국에 가고 싶은데 시간이 될까?
나: 회의가 시작되려면 30분 정도 더 있어야 하니까 빨리 갔다 와.

가: 저기요, 저희가 주문한 음식은 언제 나오나요?
나: 죄송합니다. 오늘 손님이 많아서 음식이 나오려면 좀 더 기다리셔야 합니다.

• 존이 친구들과 전화합니다. 보기 와 같이 이야기하십시오.

보기 오후 2:00~6:00 한국어 수업

① 오후 7:00 퇴근

② 오후 6:30 친구 출국

③ 오후 5:10 서울 도착

④ 7월 23일 방학

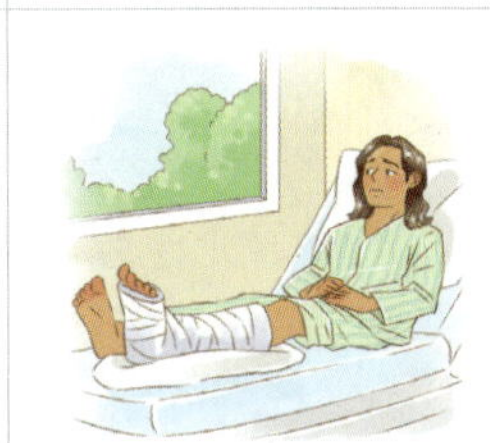

⑤ 8월 20일 퇴원

보기

존　: 리타오 씨, 지금 어디예요? 시간이 괜찮으면 지금 저하고 만나서 같이 놀래요?

리타오: 미안해요. 지금 학교예요. 수업이 **끝나려면** 2시간 더 있어야 해요.

연습해 봅시다

• 보기 와 같이 이야기하십시오.

보기

1

2

보기

가: 어? 에어컨을 샀어?

나: 응, 여름에는 물건이 **없을지도 몰라서** 미리 샀어.

가: 지금 3월이야. 여름이 **되려면** 아직 멀었어.

복습

1 알맞은 단어를 골라서 (　　) 안에 쓰십시오.

기온	증상	진찰	체중	회복	앓다	어지럽다	처방하다

요즘 아침저녁으로 ❶ (　　　　　　)이/가 많이 떨어져서 감기에 걸렸다. 감기가 생각보다 심해서 학교에도 못 가고 며칠 동안 ❷ (　　　　　　). 오늘 아침에 일어났을 때 너무 ❸ (　　　　　　)어서/아서/여서 나는 병원에 가서 의사 선생님께 ❹ (　　　　　　)을/를 받았다. 선생님께서는 감기 ❺ (　　　　　　)과/와 요즘 생활에 대해서 질문하셨다. 선생님께서는 내가 과로를 하고 밥을 잘 챙겨 먹지 않아서 ❻ (　　　　　　)이/가 좀 준 것 같다고 하셨다. ❼ (　　　　　　)을/를 하려면 지금부터 푹 쉬고 오늘 ❽ (　　　　　　)어/아/여 주는 약을 잊지 말고 꼭 먹으라고 하셨다.

2 다음 문법을 사용하여 대화를 완성하십시오.

-는데도	-기가 쉽다	-을지도 모르다	-으려면

가: 언니, 영어 듣기 문제가 어려운데 지금 좀 가르쳐 줄 수 있어? 같은 내용을 몇 번이나 ❶ ______ (듣다) 잘 모르겠어. 나는 정말 영어를 못하는 것 같아.

나: 이 문제는 영어를 잘하는 사람들도 ❷ ______ (틀리다) 는/은/ㄴ 내용이야. 너무 어렵게생각하지 말고 여러 번 읽은 후에 다시 들어 봐.

가: 알겠어. 다음 주에 시험이 있는데 이번 시험이 지난번보다 어렵다는 이야기를 들었어. 정말 열심히 하지 않으면 이번 시험에 ❸ ______ (떨어지다).

나: 이런 듣기 문제에 ❹ ______ (익숙해지다) 시간이 더 필요해. 듣고 읽는 연습을 날마다 많이 하면 실력이 점점 늘 거야.

7과

문화생활

01 이미 매진됐을 거예요

대화 어휘 일시, 좌석, 대단하다, 매진되다, 상영하다, 그리

확장 어휘 경기장, 공연장, 관람객, 상영관, 경기하다, 공연하다, 관람하다

문법 이라든가

-었을 것이다

02 이 뮤지컬은 인기가 많은가 봐요

대화 어휘 감동, 세계적, 연기, 주인공, 알려지다, 표현하다, 훌륭하다

확장 어휘 감동적, 대사, 무대, 작품, 주제, 환상적, 신나다, 지루하다

문법 -나 보다

-는다고 생각하다

MP3 / 13

1. 이미 매진됐을 거예요

- 여러분은 인터넷으로 예매를 해 본 적이 있습니까?
- 인터넷으로 예매를 하면 무엇이 편리합니까?

안나: 동생이 요즘 상영하고 있는 영화 '나와 같이'를 보여 달라고 하는데 표가 있을까요?

유키: 그 영화는 요즘 인기가 정말 대단하잖아요. 주말이라서 영화표는 이미 매진됐을 거예요. 왜 예매하지 않았어요?

안나: 어제 인터넷으로 예매하려고 했는데 좀 어려워서 하지 못했어요.

유키: 한번 해 보면 그리 어렵지 않아요. 상영 일시라든가 좌석 같은 정보를 보면서 편하게 예매할 수도 있고요.

안나: 그럼 미안하지만 다음 주 표를 예매하는 것 좀 도와주겠어요?

상영하다 대단하다 매진되다 그리 일시 좌석

상영관

공연장

경기장

관람하다 관람객

공연하다

경기하다

• 빈칸을 채우고 보기 와 같이 이야기하십시오.

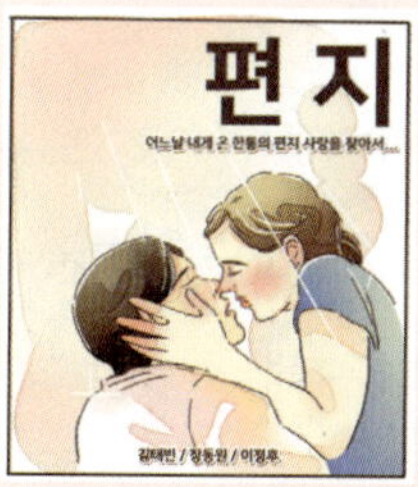

아름다운 사랑 영화
7월 한 달 동안
❶ (상영합니다).
❷ (   ) : 하늘 극장

영화를 보신 ❸ (   )
100분께 작은 선물을
드립니다.

넓은 ❹ (   )에서
어린이 관람객을
기다립니다.
아빠, 엄마와 함께
❺ (   ).
오전 11시와 오후 2시
하루에 두 번
❻ (   ).

선수들이 ❼ (   )
는/은/ㄴ 모습을 직접
볼 수 있습니다.
일시- 금요일 오후 3시
장소- 월드컵 ❽ (   )

관람객을 위한 특별한
공연도 준비돼 있습니다.

보기

저는 지난 주말에 하늘 극장에서 상영하고 있는 영화 '편지'를 보러 갔어요. 극장에서 관람객 100명에게 주는 선물도 받았어요.

문법

1 이라든가/라든가

- 비빔밥이라든가 삼계탕 같은 한국 음식이 건강에 좋아요.
- 아이들은 초콜릿이라든가 사탕 같은 단맛이 나는 것을 좋아해요.
- 테니스라든가 배드민턴 같은 공을 가지고 하는 운동을 해 보세요.
- 주말이라든가 공휴일 같은 쉬는 날에는 보통 가족들과 시간을 보내요.

가: 일요일 오후에는 보통 뭘 하세요?
나: 빨래라든가 청소 같은 집안일을 해요.

가: 요즘 일 때문에 너무 스트레스를 받아요.
나: 노래방이라든가 놀이공원 같은 스트레스를 풀 수 있는 곳에 가는 게 어때요?

- 인기 배우 김수민 씨와 인터뷰를 합니다. 보기와 같이 이야기하십시오.

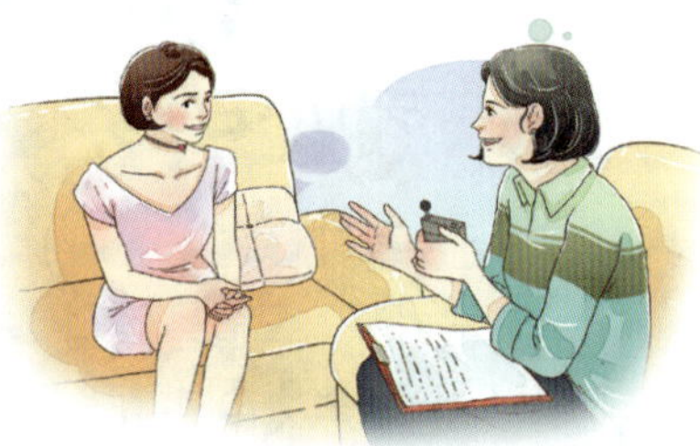

보기 좋아하는 음식	매운 음식
① 좋아하는 운동	혼자 할 수 있는 운동
② 좋아하는 색	밝은 색
③ 좋아하는 옷	편한 옷
④ 좋아하는 영화	공포 영화
⑤ 좋아하는 여행지	경치가 아름다운 곳

보기

기 자: 김수민 씨, 어떤 음식을 좋아하십니까?
김수민: **닭갈비라든가 비빔냉면 같은** 매운 음식을 좋아해요.

2 -었을/았을/였을 것이다

- 지금 3시니까 영화가 끝났을 거예요.
- 봉봉 케이크는 인기가 많아서 벌써 다 팔렸을 거예요.
- 나오 씨는 오늘 저녁에 친구와 약속이 있다고 했어요. 아마 식사를 했을 거예요.
- 우진 씨가 도와주지 않았으면 에릭 씨 혼자 정말 힘들었을 거예요.

가: 메리 씨가 소포를 받았겠지요?
나: 보통 미국까지 나흘 정도 걸리잖아요. 아직 못 받았을 거예요.

가: 윤아 씨가 집에 도착했을까요?
나: 출발한 지 한 시간이나 지났으니까 집에 도착했을 거예요.

- 진수 씨가 편지를 읽고 민철 씨와 이야기합니다. 보기 와 같이 이야기하십시오.

진수에게

그동안 잘 지냈어? 같이 방을 썼던 너에게 인사도 못 하고 한국을 떠나서 미안해.

나는 한국 생활이 너무 힘들어서 고향에 돌아왔어.

나는 한국에 있을 때 보기 친구도 사귀지 못했고 한국말을 1년이나 배웠는데도 ① 너무 어려워서 잘하지 못했어. 그리고 ② 한국 음식이 입에 맞지 않아서 잘 먹지도 못했어. ③ 한국의 겨울 날씨도 우리 고향보다 너무 추웠고, 제일 힘든 것은 ④ 가족들을 볼 수 없는 것이었어. 그래도 공부를 조금 더 해 보려고 했지만 ⑤ 건강이 너무 안 좋아져서 그럴 수 없었어.

또 연락할게. 그때까지 잘 지내.

조나단

보기

진수: 고향으로 돌아간 조나단에게서 편지를 받았어. 한국에서 친구를 사귀지 못해서 힘들었대.

민철: 그랬구나. 친구가 없어서 **외로웠을 거야**.

연습해 봅시다

• 무슨 선물이 좋을까요? 보기 와 같이 이야기하십시오.

보기	대학교 입학시험을 본 동생	공연 표
1	부모님하고 살다가 처음으로 혼자 살게 된 친구	일상생활에 필요한 물건
2	졸업하자마자 취업한 오빠	회사 생활에 필요한 물건

보기

가: 제 동생이 얼마 전에 대학교 입학시험을 봤어요. 시험 준비 때문에 **힘들었을 거예요**.
뭘 선물해 주면 좋을까요?

나: **뮤지컬이라든가 연극 같은** 공연의 표를 사 주는 건 어때요?

2. 이 뮤지컬은 인기가 많은가 봐요

- 그림의 공연은 무슨 공연일까요?
- 지금까지 본 공연 중에서 가장 기억에 남는 공연은 무엇입니까?

유키: 오늘 공연 어땠어요?

에릭: 배우들의 연기가 정말 훌륭했어요. 노래 실력도 뛰어났고요.

유키: 정말 좋은 공연이었어요. 특히 저는 마지막 장면에서 큰 감동을 받았어요.

에릭: 저도요. 그 장면에서 남자 주인공이 사랑하는 여자의 행복을 위해서 떠나는 마음을 아주 잘 표현했다고 생각해요.

유키: 그런데 오늘 외국인 관람객들이 많았지요? 이 뮤지컬은 외국인들에게도 인기가 많은가 봐요.

에릭: 더 많이 알려져서 세계적으로 유명한 뮤지컬이 됐으면 좋겠어요.

연기　훌륭하다　감동　주인공　표현하다　알려지다　세계적

작품　　주제

무대　　대사

감동적

환상적

신나다

지루하다

• 빈칸을 채우고 여러분이 본 공연에 대해서 쓰십시오.

wintermia | 예매자

정말 훌륭한 공연이었어요!

❶(작품): 뮤지컬 '한여름 밤의 꿈'
❷(　　　) : 여러 가지 일을 경험한 주인공들의 사랑 이야기

지난 주말에 봤던 '한여름 밤의 꿈'은 정말 훌륭했어요. 배우들의 의상도 화려했고 ❸(　　　　) 을/를 아름다운 숲과 달, 별 등으로 꿈속에서 나오는 것처럼 만들어서 ❹(　　　　　)인 느낌이 들었어요. 음악과 춤도 너무 ❺(　　　　) 어서/아서/여서 보면서 계속 춤을 추고 싶었고요. 그리고 서로의 사랑을 이야기하는 마지막 장면은 정말 ❻(　　　　　). 그 장면에서 모두에게 말하던 주인공의 ❼(　　　　　)이/가 아직까지 기억에 남아요. 여러분도 시간이 되시면 꼭 한번 보세요!

작품

주제

감상 내용

문법

1 -나/은가/ㄴ가 보다

- 노라 씨에게 연락했는데 전화를 안 받아요. 벌써 자나 봐요.
- 주앙 씨가 오늘도 학교에 안 왔어요. 많이 아픈가 봐요.
- 유키 씨 옆에 있는 여자가 유키 씨와 똑같이 생겼어요. 동생인가 봐요.
- 벌써 그 많은 음식을 다 먹었어? 정말 배가 고팠나 보네.

가: 식당 앞에 사람들이 길게 줄을 서 있어요.
나: 이 식당 음식이 정말 맛있나 봐요.

가: 저 두 사람에게 무슨 일이 있었어?
나: 하루 종일 서로 말을 안 해. 싸웠나 봐.

- 그림을 보고 보기 와 같이 이야기하십시오.

보기

경찰이 왔어요. 너무 **시끄러웠나 봐요**.

2 -는다고/ㄴ다고/다고 생각하다

- 저는 리에 씨가 잘못했으니까 리에 씨가 먼저 사과해야 한다고 생각해요.
- 나는 기차로 가는 것보다 버스로 가는 게 더 낫다고 생각하는데 어때?
- 회사를 선택할 때 제일 중요한 것은 회사의 분위기라고 생각합니다.
- 나는 제임스가 거짓말을 했다고 생각해.

가: 열심히 공부하는데도 한국어 실력이 늘지 않아서 걱정이야.
나: 혼자 공부하는 것도 좋지만 한국 사람들과 많이 이야기하는 게 중요하다고 생각해.

가: 중학생이 화장을 하는 것은 나이에 맞지 않기 때문에 하면 안 된다고 생각합니다.
나: 저는 화장을 하면 안 되는 나이는 없다고 생각합니다.

- 여러분은 어떻게 생각합니까? 보기와 같이 이야기하십시오.

주제	좋은 점	나쁜 점
초등학교 때 유학을 가는 게 좋을까요?	· 외국어를 빨리 배울 수 있다.	· 부모님과 멀어지게 된다.
	· 외국 문화를 쉽게 이해할 수 있다.	· 돈이 많이 든다.
초등학교에서 시험을 보지 않는 게 좋을까요?	· 스트레스를 받지 않고 공부할 수 있다.	· 배운 내용을 잘 알고 있는지 확인하기 어렵다.
	·	·

보기

가: 어린 나이에 외국으로 유학을 가면 좋은 점이 뭐라고 생각합니까?

나: 외국으로 유학을 가면 외국어를 더 빨리 배울 수 **있다고 생각합니다**.

연습해 봅시다

• 보기 와 같이 이야기하십시오.

연세신문

보기 수업 시간에 휴대폰을 쓸 수 없는 학교가 많아져

① 혼자 밥을 먹는 손님들을 위한 식당이 점점 늘어

② 공기를 깨끗하게 만들어 주는 가전제품이 작년보다 잘 팔려

보기

가: 요즘 수업 시간에 휴대폰을 쓸 수 없는 학교가 많아졌대요.

나: 네, 저도 뉴스에서 봤어요. 수업 시간에 휴대폰을 사용하는 문제가 **심각한가 봐요**.

가: 저는 꼭 필요하다면 수업 시간에 휴대폰을 써도 **된다고 생각해요**.

복습

1 알맞은 단어를 골라서 (   ) 안에 쓰십시오.

세계적   일시   매진되다   상영하다   알려지다

며칠 전부터 동생이 계속 영화를 보러 가자고 했다. ① (   )으로/로 이름이 ② (   )는/은/ㄴ 배우가 나오는 영화라고 했다. 그래서 이 영화를 ③ (   )는/은/ㄴ 극장의 홈페이지에 들어갔더니 이 영화의 주말 표는 이미 ④ (   )어/아/여 있었다. 나는 상영 ⑤ (   )을/를 확인하고 평일 표로 예매를 했다.

감동적   관람객   대사   주인공   환상적   표현하다   훌륭하다

어제 동생과 영화를 보러 갔다. 영화 잡지에 영화의 ⑥ (   )이/가 슬픔을 ⑦ (   )는/은/ㄴ 연기가 정말 ⑧ (   )는다고/ㄴ다고/다고 나와 있어서 기대가 됐다. 영화의 내용도 정말 ⑨ (   )이어서/여서 ⑩ (   )들 중에는 감동을 받고 우는 사람도 있었다. 영화의 마지막에는 사람들을 놀라게 만든 ⑪ (   )인 장면도 나왔다. 영화가 끝난 후에 동생은 남자 배우가 말한 ⑫ (   )도 정말 기억에 남는다고 했다.

2 다음 문법을 사용하여 대화를 완성하십시오.

이라든가   -었을 것이다   -나 보다   -는다고 생각하다

노라: 요즘은 정말 어린 아이들도 휴대폰을 많이 ① __________ (사용하다). 유치원에 다니는 아이들도 다 가지고 있대요.

한나: 친구들이 다 휴대폰을 가지고 있으니까 부모님들도 할 수 없이 아이에게 ② __________ (사 주다). 연락하기도 편리하잖아요.

노라: 그래도 어렸을 때부터 휴대폰을 사용하는 건 ③ __________ (안 좋다). 아이들이 다른 것에 관심을 안 가지는 것 같아서요.

한나: 하지만 휴대폰으로 ④ __________ (노래 듣기, 그림 그리기) 아이들의 교육에 도움이 되는 활동도 할 수 있어요. 아이들이 휴대폰을 보는 시간만 관리한다면 문제가 없을 것 같아요.

8과

생활 습관

01 어머니께서 식사 시간을 지키게 하셨어요

대화 어휘 규칙적, 기운, 습관, 식욕, 불규칙하다, 대충, 뜻대로

확장 어휘 과식, 과음, 금연, 금주, 소식, 음주, 편식, 흡연, 게으르다, 끊다, 부지런하다

문법 -는 대신에

-게 하다

02 운동하니까 좋던데 이튼 씨도 해 보세요

대화 어휘 안색, 영양제, 헬스클럽, 내다, 밤늦게, 적당히, 정신없이

확장 어휘 운동 부족, 근육이 생기다, 살이 빠지다, 살이 찌다, 운동량이 늘다, 피로가 쌓이다, 피로가 풀리다

문법 -으면서도

-던데

MP3 / 15

1. 어머니께서 식사 시간을 지키게 하셨어요

- 여러분은 제시간에 식사를 하십니까?
- 건강하게 살기 위해서 어떻게 생활하면 좋을까요?

노라: 계속 소화가 안되고 기운도 없어요.

유키: 식사를 제대로 해야지요. 밥을 먹는 대신에 대충 과자 같은 걸 먹으니까 그렇지요.

노라: 그게 뜻대로 잘 안 돼요. 요즘 생활이 불규칙해서 그런지 식욕도 없고요.

유키: 우선 식사 습관부터 규칙적으로 바꿔 보세요.

노라: 정말 그래야겠어요. 고향에서는 어머니께서 식사 시간을 지키게 하셨는데 혼자 사니까 아무 때나 먹게 돼요.

기운　대충　뜻대로　불규칙하다　식욕　습관　규칙적

어휘

규칙적이다

불규칙하다

부지런하다

게으르다

흡연

금연, 담배를 끊다

음주, 과음

금주, 술을 끊다

편식

골고루 먹다

과식

소식

- 여러분의 생활 습관을 쓰고 보기 와 같이 이야기하십시오.

나의 좋은 생활 습관	나의 나쁜 생활 습관
부지런하다	흡연

보기

저는 좀 부지런한 편이에요. 일찍 일어나고 청소도 자주 해요. 그런데 담배를 좀 많이 피워서 걱정이에요. 담배를 끊어야겠어요.

문법

1 -는 대신에

- 주변이 시끄러워서 전화를 하는 대신에 문자 메시지를 보냈어요.
- 시간이 없어서 극장에 가는 대신에 집에서 영화를 봤어요.
- 미선 씨가 제 일을 도와주는 대신에 저는 미선 씨에게 저녁을 사 드릴게요.
- 오늘 우진 씨가 바빠서 우진 씨 대신에 제가 왔어요.

가: 우진 씨, 일요일에도 출근하세요?
나: 네, 하지만 일요일에 일하는 대신에 월요일에는 쉽니다.

가: 우리 언어 교환을 할까요?
나: 좋아요, 리에 씨가 저에게 일본말을 가르쳐 주는 대신에 저는 리에 씨에게 한국말을 가르쳐 드릴게요.

- 존 씨와 하늘 씨는 같이 하고 싶은 일이 많습니다. 보기 와 같이 이야기하십시오.

약속	존	하늘
보기 운동	농구	축구
① 언어 교환	영어	한국말
② 영화	표	팝콘
③ 저녁 식사	설거지	요리
④ 소풍	김밥	과일, 음료수
⑤ 제주도 여행	숙박 시설	관광지

보기

존 : 하늘아, 같이 운동할래? 내가 농구를 가르쳐 줄게.
하늘: 좋아. 그럼 네가 나한테 농구를 가르쳐 **주는 대신에** 나는 너한테 축구를 가르쳐 줄게.

2 -게 하다

- 친구가 저를 화나게 했어요.
- 어렸을 때 어머니가 식사 전에 꼭 손을 씻게 하셨어요.
- 아이들이 밖에 나가서 놀게 해 주세요.
- 우리 회사는 건물 안에서 담배를 피우지 못하게 합니다.

가: 손님, 기다리게 해서 죄송합니다.
나: 괜찮아요. 별로 오래 안 기다렸어요.

가: 우리 아이가 게을러서 걱정이에요.
나: 아이가 스스로 방을 청소하게 하세요. 그럼 부지런해질 거예요.

- 흐엉 씨가 어렸을 때 부모님이 지키게 한 일들입니다. 보기 와 같이 이야기하십시오.

어머니

보기 하루에 20분 책을 읽어라.
1. 날마다 일기를 써라.
2. 많이 생각하고 이야기해라.

아버지

3. 밥을 천천히 먹어라.
4. 텔레비전을 보지 마라.
5. 여러 가지 운동을 배워라.

보기

어렸을 때 어머니께서 저에게 하루에 20분쯤 꼭 책을 **읽게 하셨습니다**. 그래서 제가 아는 것이 많아졌습니다.

연습해 봅시다

• 보기 와 같이 이야기하십시오.

사람	문제	시킨 것	다른 방법
보기 여동생	게임을 많이 한다.	하지 마라.	다른 취미 활동 하기
① 남동생	한국말 실력이 안 는다.	단어를 외워라.	문장 만들기
② 친구	담배를 못 끊는다.	담배를 피우면 돈을 내라.	금연 일기 쓰기

보기

가: 무슨 걱정이 있어요?

나: 여동생이 게임을 너무 많이 해서 **못 하게 했는데** 계속 해요.

가: 게임을 못 하게 **하는 대신에** 다른 취미 활동을 하게 해 보세요. 그럼 게임하는 시간을 줄일 수 있을 거예요.

2. 운동하니까 좋던데 이튼 씨도 해 보세요

- 두 사람의 생활 습관은 어떻게 다른 것 같습니까?
- 여러분은 건강을 위해서 무엇을 하고 있습니까?

마크: 이튼 씨, 어디 아파요? 안색이 안 좋아 보여요.

이튼: 스트레스를 많이 받아서 그런지 계속 피곤해요. 운동해야 하는 줄 알면서도 시간을 낼 수가 없어서 운동도 못 하고 있어요.

마크: 저는 우리 회사 3층에 새로 생긴 헬스클럽에 등록했어요.

이튼: 그래요? 요즘 정신없이 지내서 헬스클럽이 생긴 줄도 몰랐어요.

마크: 퇴근하고 나서 운동하니까 좋던데 이튼 씨도 해 보세요.

이튼: 저도 운동하고 싶은데 요즘은 계속 밤늦게까지 할 일이 많네요. 지금은 영양제라도 챙겨 먹으면서 적당히 관리해야겠어요.

안색 내다 헬스클럽 정신없이 밤늦게 영양제 적당히

피로가 쌓이다

피로가 풀리다

살이 찌다

살이 빠지다

근육이 없다

근육이 생기다

운동 부족

운동량이 늘다

• 빈칸을 채우고 보기 와 같이 이야기하십시오.

- 조금만 걷거나 움직여도 힘들었어요. 저는 ①(운동 부족이었어요).
- 항상 피곤했어요.
- 쉽게 피로가 ③(　　　　).
- 스트레스가 많이 쌓였어요.
- 살이 많이 쪄서 걱정이었어요.
- 살이 찌지 않아서 걱정이었어요.
- 근육이 좀 있으면 좋겠어요.
- 잠을 잘 못 잤어요.

운동을 한 후에 이렇게 달라졌어요. →

- ②(　　　　)이/가 많이 늘었어요.
- 쉽게 피곤해지지 않아요.
- 피로가 다 풀렸어요.
- 스트레스가 ④(　　　　).
- 살이 ⑤(　　　　).
- 살이 좀 ⑥(　　　　).
- 근육이 ⑦(　　　　).
- 푹 잘 자요.

보기

저는 운동 부족이라서 조금만 걷거나 움직여도 많이 힘들었어요. 그런데 운동을 시작한 후에 운동량이 정말 많이 늘었어요. 지금은 오래 걷거나 뛰어도 별로 힘들지 않아요.

1 -으면서도/면서도

- 미아 씨는 노래를 잘하면서도 못한다고 해요.
- 저는 과식이 건강에 안 좋은 줄 알면서도 항상 많이 먹어요.
- 이 옷은 가벼우면서도 따뜻해서 추울 때 자주 입어요.
- 노라 씨는 다이어트 중이라서 밥을 안 먹었으면서도 먹었다고 말했어요.

가: 노라 씨, 언니하고 또 싸웠어요?
나: 싸우면 안 되는 줄 알면서도 화가 나서 참지 못했어요.

가: 패티 씨가 이번 시험에서 92점을 받았다면서요?
나: 네, 그런데 패티 씨는 시험을 잘 봤으면서도 못 봤다고 하네요.

- 다음을 보고 보기 와 같이 이야기하십시오.

보기 학교에 일찍 가야 한다.	자주 지각을 한다.
① 오늘 수업 내용이 중요하다.	수업 시간에 휴대폰만 봤다.
열심히 공부해야 한다.	자꾸 게임만 한다.
② 친구의 비밀을 말하면 안 된다.	에릭 씨의 비밀을 말했다.
③ 친구가 힘들 때 도와줘야 한다.	도와주지 못했다.
약속을 지켜야 한다.	지키지 못했다.
④ 이영수 씨를 안다.	모른다고 말했다.
⑤ 선생님이 질문한 문제의 답을 안다.	말하지 않았다.

보기

저는 학교에 일찍 가야 하는 줄 **알면서도** 자주 지각을 해요.

2 -던데

- 미선 씨, 민주 백화점에서 세일을 하던데 같이 갈래요?
- 주말에는 놀이공원에 사람이 많던데 평일에 가세요.
- 교회 앞에 식당이 새로 생겼던데 오늘은 거기에 가자.
- 또와 치킨이 참 맛있던데 노라 씨도 먹어 봤어요?

가: 설악산은 등산하기가 좀 힘들던데 가 보셨어요?
나: 아니요, 아직 설악산에는 안 가 봤어요.

가: 오랜만에 친구를 보기로 했는데 어디에서 만나면 좋을까?
나: 지하철역 앞에 커피숍이 새로 생겼던데 거기에 가 봐.

- 애니 씨의 경험입니다. 보기 와 같이 이야기하십시오.

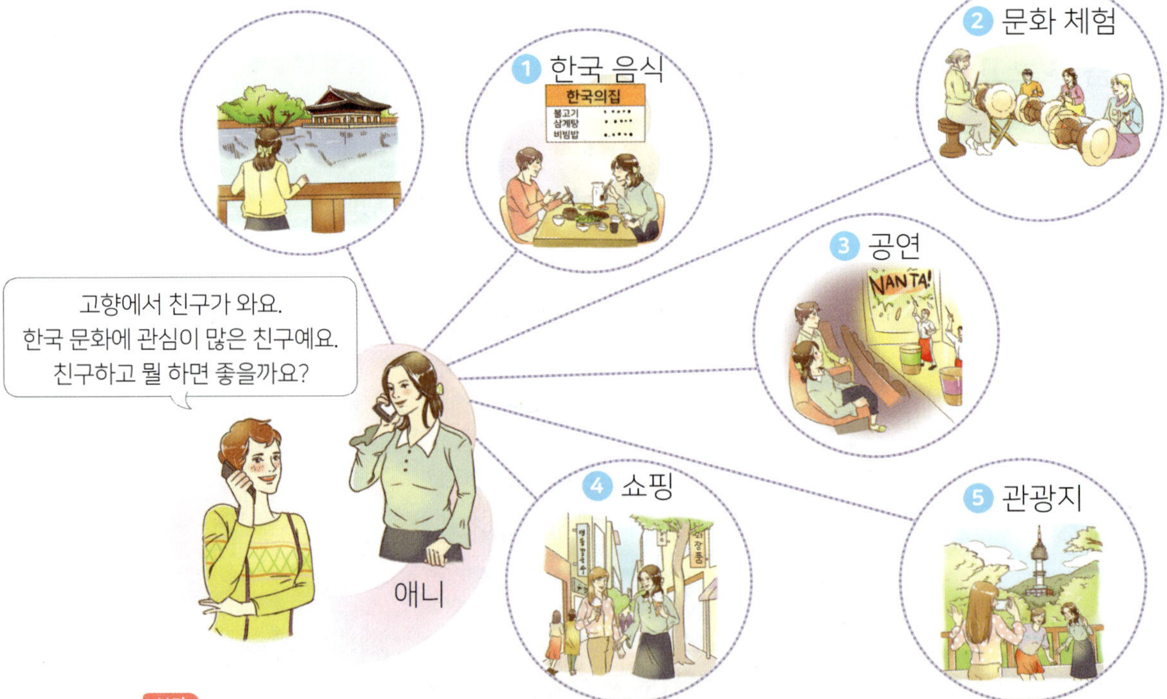

보기

노라: 고향에서 친구가 오는데 뭘 하면 좋을까요?
애니: 야경이 아주 **아름답던데** 친구하고 같이 경복궁에 가 보세요.

연습해 봅시다

• 보기 와 같이 이야기하십시오.

내가 알고 있는 것	내가 한 것	결과	친구의 경험
보기 찬 바람이 건강에 안 좋다.	너무 더워서 계속 에어컨을 켜 놓고 잤다.	감기에 걸렸다.	감기에 걸렸을 때 레몬차를 마시니까 좋다.
① 배운 것은 날마다 복습해야 한다.	친구들하고 놀았다.	시험 결과가 나쁘다.	단어만 외워도 도움이 많이 된다.
② 질문의 답	틀리면 부끄러울 것 같아서 말하지 않았다.	이제 수업 시간에 말을 거의 안 한다.	짧게 대답해도 선생님이 다 도와주신다.

보기

가: 찬 바람이 건강에 안 좋은 줄 **알면서도** 너무 더워서 계속 에어컨을 켜 놓고 잤어요. 그래서 감기에 걸렸어요.

나: 감기에 걸렸을 때 레몬차를 마시니까 **좋던데** 한번 드셔 보세요.

복습

1 알맞은 단어를 골라서 ( ) 안에 쓰십시오.

규칙적 습관 안색 부지런하다 정신없이

셀리: 새미 씨, 왜 그렇게 기운이 없어요? ❶ ( )도 안 좋아 보여요.

새미: 발표 준비와 시험 준비 때문에 며칠 잠을 못 잤어요. 잠을 못 자니까 식욕도 없네요. 요즘 정말 ❷ ( ) 바빴어요.

셀리: 시간을 내서 운동이라도 좀 해 보세요.

새미: 저는 ❸ ( )지 않아서 운동은 못 할 것 같아요. 운동은 ❹ ( )으로/로 해야 하잖아요. 날마다 운동하는 ❺ ( )도 중요하고요.

게으르다 피로가 쌓이다 대충 뜻대로

셀리: 일주일에 한두 번만 운동을 해도 안 하는 것보다는 낫지요. 새미 씨는 운동 부족이라서 더 쉽게 ❻ ( )을/ㄹ 거예요.

새미: 맞아요. 요즘 피곤해서 그런지 제 ❼ ( ) 되지 않는 일이 많아서 힘들어요. 제가 너무 ❽ ( )어서/아서/여서 그런 것 같아요.

셀리: 왜 그래요. 새미 씨, 뭐든지 너무 잘하려고 하지 말고 좀 ❾ ( ) 하세요.

2 다음 문법을 사용하여 대화를 완성하십시오.

-는 대신에 -게 하다 -으면서도 -던데

기자: 오늘 인터뷰의 주인공은 배우 드리스 노튼 씨입니다. 노튼 씨, 이번 영화에서 테니스를 치는 모습이 정말 ❶ ________ 영화 촬영을 위해서 테니스를 배우신 건가요?
(멋있다)

노튼: 운동을 좋아하시는 어머니께서 제가 9살 때부터 ❷ ________.
(테니스를 치다)

기자: 그럼 요즘도 테니스를 자주 치시나요?

노튼: 요즘은 촬영 때문에 운동할 시간이 없습니다. ❸ ________ 바쁜 일정 때문에 못 하고 있습니다.
(운동을 해야 하는 줄 알다)

기자: 남자 배우들 중에서 '아름다운 몸'으로도 유명하신데 시간이 없을 때는 ❹ ________ 어떻게 몸 관리를 하시나요?
(운동하다)

노튼: 특별히 관리하는 건 없습니다. 항상 스트레스를 받지 않고 즐거운 마음으로 시간을 보내려고 합니다.

9과

문제와 해결

01 선반 위에 올려놓고서 그냥 내렸어요

대화 어휘 선반, 역무실, 유실물 센터, 큰일, 어떡하다, 급히, 다행히

확장 어휘 부상, 비상벨, 안전띠, 틈, 갇히다, 끼이다, 당하다, 빠지다[1]

문법 -고서

-을 뻔하다

02 오늘 맡기시면 2~3일 정도 걸린다고 합니다

대화 어휘 수리, 화면, 맡기다, 번거롭다, 보이다[2]

확장 어휘 깨우다, 낮추다, 녹다, 녹이다, 눕히다, 늦추다, 맡다, 먹이다, 살리다, 세우다, 속다, 속이다, 숨기다, 숨다, 신기다, 씻기다[2], 앉히다, 알리다, 울리다, 웃기다, 읽히다, 입히다, 재우다, 죽이다, 채우다, 태우다

문법 사동

-으니까[2]

MP3 / 17

1. 선반 위에 올려놓고서 그냥 내렸어요

유실물 찾기

1, 2, 3, 4호선 유실물 정보

하얀색 핸드폰
8월 17일
1호선

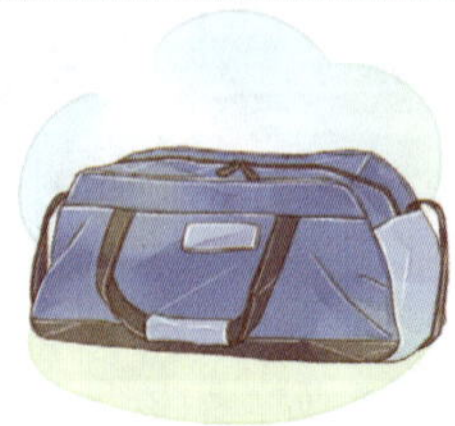

파란색 가방
8월 10일
2호선

빨간색 지갑
8월 5일
3호선

1 | 2 | 3 | 4 | 5 | 6 | 7 | 8 | 9 | 10 | 다음

- 위에 있는 사진은 무슨 사진일까요?
- 여러분은 버스나 지하철에서 물건을 잃어버린 적이 있습니까?

에릭: 오늘 아침에 가방을 지하철 선반 위에 올려놓고서 그냥 내렸어요. 어떡하지요?

우진: 저도 출근 시간에 급히 내리다가 그런 적이 있었어요. 역무실에 갔더니 지하철 유실물 센터 홈페이지를 가르쳐 줬어요.

에릭: 홈페이지에서 잃어버린 물건을 찾을 수 있어요?

우진: 네, 잃어버린 물건이 있는지 확인할 수 있어요. 저도 중요한 서류가 들어 있어서 잃어버렸으면 큰일 날 뻔했는데 다행히 찾았어요.

에릭: 그래요? 그럼 저도 빨리 확인해 봐야겠네요.

선반 어떡하다 급히 역무실 유실물 센터 큰일 다행히

어휘

부상

비상벨

안전띠

틈

갇히다

끼이다

당하다

빠지다

• 다음을 연결하고 문장을 만든 후 보기와 같이 이야기하십시오.

① 엘리베이터 •	• 끼이다 :
② 틈 •	• 갇히다 : 엘리베이터에 갇혔어요.
③ 부상 •	• 누르다 :
④ 비상벨 •	• 빠지다 :
⑤ 물 •	• 당하다 :

보기

저는 엘리베이터에 갇힌 적이 있어요. 갑자기 엘리베이터가 고장이 나서 10분 정도 갇혀 있었는데 정말 무서웠어요.

1 -고서

- 카드를 넣고서 비밀번호를 누르세요.
- 저는 컴퓨터를 켜고서 필요한 정보를 검색했어요.
- 어제 저는 친구들과 빨간색 옷을 입고서 축구 경기를 보러 갔어요.
- 저는 친구가 하는 이야기를 듣고서 깜짝 놀랐어요.

가: 마리아 씨는 지금 뭘 해요?
나: 대학원을 졸업하고서 한국 회사에 들어갔대요.

가: 미선 씨, 왜 그래요? 발이 아파요?
나: 네, 어제 구두를 신고서 오래 걸었더니 발이 아파요.

- 보기 와 같이 이야기하십시오.

자전거 씽씽이를 이용하는 방법

보기 이용 시간을 선택하세요.
▼
① 이용 요금을 결제하세요.
▼
② 자전거 이용 번호를 문자로 받으세요.
▼
③ 빌리고 싶은 자전거를 선택하세요.
▼
④ 자전거에 있는 단말기를 켜세요.
▼
⑤ 자전거 이용 번호를 누르세요.
▼
⑥ 자전거를 꺼내세요.

보기

가: 자전거 씽씽이를 타려면 어떻게 해야 돼요?
나: 이용 시간을 **선택하고서** 이용 요금을 결제하세요.

2 -을/ㄹ 뻔하다

- 길이 막혀서 약속 시간에 늦을 뻔했어요.
- 조금만 늦게 도착했으면 비행기를 못 탈 뻔했어요.
- 오늘 중요한 회의가 있었는데 동료에게 연락을 안 했으면 큰일 날 뻔했어요.
- 옆 사람과 이야기하면서 운전하다가 사고가 날 뻔했어요.

가: 웨이 씨가 사고가 나서 병원에 입원했다면서요?
나: 네, 조금만 늦게 병원에 갔으면 큰일 날 뻔했대요.

가: 오늘 회의에 필요한 서류를 다 챙겼어요?
나: 아, 고마워요. 이야기해 주지 않았으면 서류를 놓고 갈 뻔했네요.

- 에릭 씨는 오늘 아침에 겨우 출근을 했습니다. 보기와 같이 이야기하십시오.

보기

①

②

③

④

⑤

보기

가: 에릭 씨, 피곤해 보여요. 오늘 무슨 일이 있었어요?
나: 아침에 버스를 겨우 탔어요. 조금만 늦었으면 버스를 **못 탈 뻔했어요**.

연습해 봅시다

● 보기 와 같이 이야기하십시오.

보기

1

2

보기

가: 버스를 잘못 타서 영화 시간에 **늦을 뻔했어요**.

나: 버스 번호를 잘 **보고서** 버스를 타야지요.

2. 오늘 맡기시면 2~3일 정도 걸린다고 합니다

- 흐엉 씨의 휴대 전화에 무슨 문제가 생겼습니까?
- 휴대 전화가 고장이 난 적이 있습니까? 어떤 문제가 있었습니까?

흐엉: 휴대 전화에 이상이 생겨서 왔는데요.

직원: 좀 보여 주시겠습니까?

흐엉: 휴대 전화를 떨어뜨렸는데 화면이 깨졌어요. 전화도 잘 안 되고요. 지금 바로 수리가 될까요?

직원: 화면이 깨진 것은 제가 금방 수리해 드릴 수 있지만 전화가 안되는 것은 확인해 봐야 합니다. 잠깐만 기다려 주십시오.

(잠시 후)

직원: 제가 알아보니까 오늘 맡기시면 2~3일 정도 걸린다고 합니다. 번거로우시겠지만 다시 한 번 나오셔야겠습니다.

보이다[2] 화면 수리 맡기다 번거롭다

-이-	끓이다, 녹이다, 먹이다, 붙이다, 속이다, 죽이다
-히-	눕히다, 앉히다, 읽히다, 입히다
-리-	살리다, 알리다, 울리다
-기-	남기다, 맡기다, 숨기다, 신기다, 씻기다, 웃기다
-우-	깨우다, 세우다, 재우다, 태우다, 채우다
-추-	낮추다, 늦추다, 맞추다

- 보기와 같이 알맞은 단어로 바꿔서 쓰십시오.

보기 녹다	녹이다
1) 알다	
2) 앉다	
3) 깨다	
4) 맞다	
5) 남다	
6) 씻다	
7) 끓다	
8) 늦다	
9) 눕다	
10) 숨다	
11) 맡다	
12) 붙다	
13) 낮다	

14) 속다	
15) 살다	
16) 죽다	
17) 울다	
18) 타다	
19) 서다	
20) 자다	
21) 웃다	
22) 신다	
23) 먹다	
24) 읽다	
25) 입다	
26) 차다	

1 사동

- 올리비아 씨가 차를 마시려고 물을 끓였어요.
- 할머니가 아이를 침대에 눕혔어요.
- 레오 씨, 이 정보를 많은 사람들에게 알려 주세요.
- 저는 세탁소에 맡긴 옷을 찾으러 가야 해요.

가: 내일 아침에 일찍 일어나야 한다고 했지?
나: 네, 혹시 제가 못 일어나면 깨워 주세요.

가: 내일 오전 10시에 회의가 있다고 들었는데 맞아요?
나: 과장님께서 오전에 해야 할 일이 있다고 하셔서 회의 시간을 2시로 늦췄어요.

- 미선 씨가 언니 대신에 유나를 챙기게 되었습니다. 보기와 같이 이야기하십시오.

보기

1

2

3

4

5

보기

미선: 내가 내일 뭘 해야 돼?
언니: 우선 아침 9시에 유나를 **깨워** 줘.

2 -으니까/니까[2]

- 떡볶이를 먹어 보니까 생각보다 안 매웠어요.
- 냉장고를 여니까 아무 것도 없었어요.
- 인터넷으로 주문한 옷을 입어 보니까 옷이 작았어요.
- 아침에 일어나니까 10시였어요.

가: 한국 생활이 어때요?
나: 혼자 살아 보니까 생각보다 재미있어요.

가: 어제 친구가 소개해 준 사람은 잘 만났어요?
나: 네, 만나 보니까 좋은 사람이었어요.

- 리타오 씨의 하루입니다. 보기 와 같이 쓰십시오.

보기

1

2

3

4
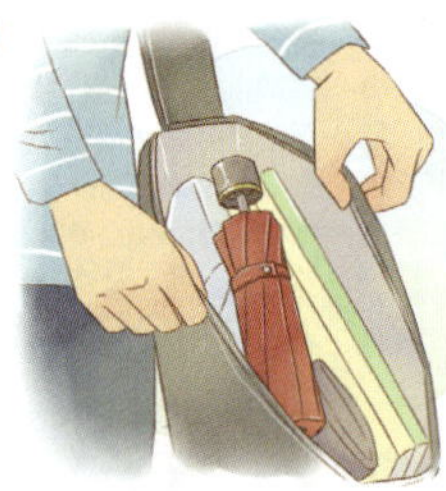

5

8월 15일 (수요일)
오늘은 아침부터 힘든 하루였다. 어제 친구와 놀다가 늦게 잤는데 아침에 보기 **일어나니까** 9시였다. 서둘러서 학교에 갔는데 ① ________________ 아무도 없었다. 벽에 걸린 ② ________________ 오늘이 공휴일이었다. 그래서 바로 집에 가려고 ③ ________________ 비가 오고 있었다. 우산을 안 가지고 왔다고 생각했는데 ④ ________________ 우산이 있었다. 그런데 ⑤ ________________ 우산에 구멍이 나 있었다. 비를 맞으면서 집에 오는 길이 보통 때보다 먼 것 같았다.

연습해 봅시다

• 보기 와 같이 이야기하십시오.

보기

1

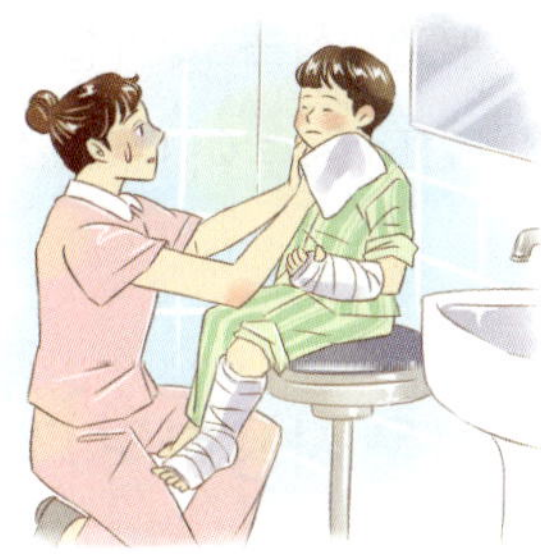

2

보기

가: 식당에서 아르바이트를 **하니까** 어때요?

나: 생각했던 것보다 힘들어요. 손님들이 **남긴** 음식을 모두 다 치우고 날마다 찌개를 **끓여야** 해요.

복습

1 알맞은 단어를 골라서 (　　) 안에 쓰십시오.

큰일	화면	갇히다	맡기다	알리다	다행히

어제 학교에서 정말 당황스러운 일이 있었다. 학교 화장실 안에서 문자 메시지를 보내다가 휴대 전화를 떨어뜨려서 ❶ (　　　　)이/가 깨졌다. 나는 빨리 나가서 수리 센터에 ❷ (　　　　)어야겠다고/아야겠다고/여야겠다고 생각했다. 그런데 화장실 문이 열리지 않았다. 나는 다른 사람들에게 내가 어디에 있는지 ❸ (　　　　)기 위해서 큰 소리를 냈다. 10분 정도 화장실에 ❹ (　　　　)어/아/여 있었는데 ❺ (　　　　) 화장실 앞을 지나가던 사람이 내 목소리를 듣고 문을 열어 줬다. 정말 ❻ (　　　　) 날 뻔했다.

2 다음 문법을 사용하여 대화를 완성하십시오.

-고서	-을 뻔하다	사동	-으니까

에릭: 혹시 김 과장님 지금 어디에 계시는지 아세요? 아까 사무실에 ❶ ______ (가 보다) 안 계시던데요.

미선: 그렇지 않아도 연락하려던 참이었는데 마침 잘 오셨어요.

에릭: 왜요? 무슨 일 있어요?

미선: 과장님께서는 조금 전에 급한 전화를 ❷ ______ (받다) 나가셨어요. 두 시간 걸릴 것 같으니까 오늘 3시 회의를 4시로 ❸ ______ (늦다) 어/아/여 달라고 하셨어요.

에릭: 알겠습니다. 다른 직원들에게도 전하겠습니다.

미선: 네, 그리고 지난번에 과장님께서 부탁한 자료도 잊지 말고 가지고 오라고 하셨어요.

에릭: 아, 맞다! 잊어버리고 있었어요. 미선 씨가 이야기하지 않았으면 ❹ ______ (안가지고 가다). 감사합니다. 그럼 이따가 회의 시간에 뵙겠습니다.

10과

실수와 사과

01 그만 하늘 씨한테 보내고 말았어요

대화 어휘 속마음, 표정, 감추다, 나타나다, 들키다, 부끄러워하다, 그만, 하긴

확장 어휘 겁을 내다, 겁이 나다, 나타내다, 시간이 나다, 혼을 내다, 혼이 나다, 화가 나다, 화를 내다

문법 -는다는 것이
-고 말다

02 제가 리나 씨를 좀 놀렸거든요

대화 어휘 장난, 진심, 걸다, 놀리다, 사과하다, 상하다, 알아주다

확장 어휘 까먹다, 깜박하다, 사이좋다, 어기다, 오해하다, 착각하다, 풀다[1], 풀리다, 화해하다

문법 -거든요
-을까 봐

1. 그만 하늘 씨한테 보내고 말았어요

MP3 / 19

- 여러분은 문자 메시지를 잘못 보낸 적이 있습니까?
- 여러분은 어떤 실수를 한 적이 있습니까?

료코: 어떡해요. 제가 친구에게 문자 메시지를 보낸다는 것이 그만 하늘 씨에게 보내고 말았어요.

안나: 무슨 내용인데요?

료코: 제가 하늘 씨를 좋아하는 것 같다고 썼는데 제 속마음을 하늘 씨에게 들켜서 너무 부끄러워요.

안나: 부끄러워하지 말고 먼저 사귀자고 해 봐요. 하늘 씨도 료코 씨 마음을 어느 정도 알고 있었을 거예요.

료코: 그럴까요? 하긴 그동안 감추려고 했지만 제 마음이 표정에 다 나타났을 거예요.

그만 속마음 들키다 부끄러워하다 하긴 감추다 표정 나타나다

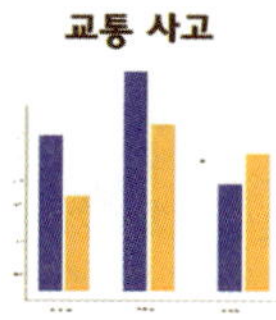

나타나다	나타내다
제 앞에 천사가 나타났어요.	파란색은 노인 교통사고율을 나타냅니다.

시간이 나다	시간을 내다
시험이 끝나서 시간이 나요.	시간이 없지만 시간을 내서 수영을 해요.

화가 나다	화를 내다
동생은 화가 나지만 참았어요.	형은 참지 않고 화를 냈어요.

겁이 나다	겁을 내다
다리 아래가 보여서 건너기가 겁나요.	아저씨, 겁내지 마세요. 떨어지지 않을 거예요.

혼이 나다	혼을 내다
아이가 엄마에게 혼나요.	엄마가 아이를 혼내요.

• 빈칸을 채워서 대화를 완성하십시오.

1. 가: 영희야, 아까 왜 엄마한테 (혼났어)?
   나: 제가 청소를 안 해서 어머니가 저를 (혼내셨어요).
2. 가: 혼자 사니까 밤에 나쁜 사람이 들어올 것 같고 (   ).
   나: (   )지 마. 내가 옆집에 사니까 무슨 일이 있으면 도와줄게.
3. 가: 저는 작은 일에도 쉽게 (   )어서/아서/여서 주변 사람들을 깜짝 놀라게 해요.
   나: (   )어도/아도/여도 참아야지요.
4. 가: 이 그림에서 빈 의자는 외로움을 (   )는다고/ㄴ다고/다고 해요.
   나: 그렇군요. 그림을 그린 사람의 외로운 마음이 그림에 잘 (   ).
5. 가: 우리 바쁘지만 (   )어서/아서/어서 한번 만나자.
   나: 좋아, 다음 주쯤 일이 끝나면 (   )을/ㄹ 거야. 내가 연락할게.

문법

1 -는다는/ㄴ다는 것이

- 커피에 설탕을 넣는다는 것이 소금을 넣었어요.
- 시청으로 가는 지하철을 탄다는 것이 다른 쪽으로 가는 지하철을 탔어요.
- 친구에게 전화한다는 것이 깜빡 잊고 못 했어요.
- 도와 드린다는 것이 일을 더 힘들게 만든 것 같아요.

가: 소희야, 이게 누구 옷이니?

나: 어머, 제 옷을 챙긴다는 것이 미나 옷을 가지고 왔나 봐요.

가: 도와준다는 것이 일을 더 복잡하게 만든 것 같아요.

나: 그런 말씀 마세요. 정말 큰 도움이 됐어요.

- 친구들이 약속 시간에 늦었습니다. 보기 와 같이 이야기하십시오.

보기

에릭: 하늘 씨, 왜 이렇게 늦었어요?

하늘: 미안합니다. 시계를 잘못 맞췄어요. 시계를 7시로 **맞춘다는 것이** 8시로 맞춰서 늦게 일어났습니다.

2 -고 말다

- 화가 나도 참아야 했는데 그만 화를 내고 말았어요.
- 정희 씨는 너무 졸려서 씻지도 못하고 잠이 들고 말았어요.
- 민수 씨는 공항에 늦게 도착해서 비행기를 못 타고 말았어요.
- 의사가 최선을 다했지만 환자는 죽고 말았어요.

가: 노라 씨가 왜 저렇게 화가 났어요?
나: 제가 친구들과 이야기하다가 실수로 노라 씨의 비밀을 말하고 말았어요.

가: 아까 왜 시험 시간에 늦었어요?
나: 어제 너무 늦게 자서 아침에 늦잠을 자고 말았어요.

- 옛날이야기 '해님 달님'입니다. 보기 와 같이 빈칸을 새워서 이야기를 읽으십시오.

죽다 들키다 만나다 잡히다 떨어지다 끊어지다

	옛날 옛날에 산속 작은 집에 어머니와 오빠와 여동생이 가난하지만 행복하게 살고 있었어요. 하루는 어머니가 산 아래 마을 잔치에 일을 하러 갔는데 밤이 돼도 돌아오지 않았어요.
	어머니는 잔치를 했던 집에서 떡을 얻어 가지고 돌아오고 있었어요. 그런데 산에서 그만 호랑이를 보기 __만나고 말았어요__.
	어머니는 뛰었지만 곧 호랑이에게 ① ________________ . 어머니는 호랑이에게 떡을 주면서 살려 달라고 했어요. 그러나 호랑이는 떡을 다 먹고 어머니까지 먹었어요.

	호랑이는 어머니 옷을 입고 집으로 왔어요. 하지만 오빠와 여동생은 문을 열어 주지 않고 창문으로 나갔어요.
	오빠와 여동생은 나무 위로 올라갔어요. 그러나 곧 호랑이에게 ② ______________.
	호랑이는 오빠의 말을 듣고 발에 참기름을 바르고 나무에 올라왔어요. 하지만 호랑이는 참기름 때문에 나무에서 ③ ______________.
	호랑이가 다시 올라오기 시작했어요. 아이들은 하늘을 보고 도와 달라고 했어요. 곧 하늘에서 줄이 내려오고 아이들은 줄을 타고 하늘로 올라갔어요.
	그것을 보고 호랑이도 줄을 달라고 했어요. 하지만 호랑이의 줄은 튼튼하지 않아서 ④ ______________.
	호랑이는 떨어져서 ⑤ ______________. 그리고 하늘로 올라간 여동생은 해가 되고 오빠는 달이 되었어요.

연습해 봅시다

● 보기 와 같이 이야기하십시오.

언제	하려고 한 것	실수	결과
보기 시험	①번 쓰기	②번	틀렸다.
① 여행	여권 가지고 가기	옛날 여권	비행기를 못 탔다.
② 호텔 예약	3월 2일 예약	3월 3일	호텔에서 숙박을 못 했다.

보기

가: 언제 무슨 실수를 한 적이 있어요?

나: 지난 시험 때 ①번을 **쓴다는 것이** ②번을 써서 **틀리고 말았어요**.

MP3 / 20

2. 제가 리나 씨를 좀 놀렸거든요

- 노라 씨는 무엇 때문에 걱정하고 있는 것 같습니까?
- 여러분은 다른 사람에게 어떤 방법으로 미안한 마음을 표현합니까?

흐 엉: 노라 씨, 무슨 일이 있어요?

노 라: 리나 씨가 저 때문에 화가 많이 났어요. 제가 리나 씨를 좀 놀렸거든요. 저는 장난으로 한 말이었는데요.

흐 엉: 미안하다고 말했어요?

노 라: 그럼요. 제가 사과했지만 리나 씨는 화가 안 풀린 것 같아요. 리나 씨 기분만 더 상하게 할까 봐 오늘은 저도 리나 씨한테 말을 걸지 않았어요.

흐 엉: 직접 만나서 진심으로 미안하다고 이야기해 보세요. 그럼 리나 씨도 노라 씨 마음을 알아줄 거예요.

놀리다 장난 사과하다 상하다 걸다 진심 알아주다

까먹다
깜박하다

약속을 어기다

착각하다

오해하다

오해를 풀다
오해가 풀리다

사과하다

화해하다

사이좋다

- 다음을 연결하고 보기 와 같이 이야기하십시오.

① 친구를 4시에 만나기로 했는데 약속 시간이 3시인 줄 알았어요.	까먹다 깜박하다
② 저는 두 사람이 사귀는 줄 알았어요. 제가 오해했다는 걸 알았어요.	화해하다
③ 엄마 생일이 오늘인 걸 잊어버렸어요.	착각하다
④ 약속을 지키지 않았어요.	사이좋다
⑤ 친구에게 미안하다고 말했어요.	약속을 어기다
⑥ 요즘 동생하고 싸우지 않고 잘 지내요.	사과하다
⑦ 며칠 전 싸운 친구와 서로 잘 지내자고 이야기했어요.	오해를 풀다 오해가 풀리다

보기

친구하고 4시에 만나기로 했는데 약속 시간을 3시로 착각했어요. 약속 장소에 거의 다 도착했을 때 제가 착각했다는 걸 알았어요.

문법

1 -거든요

- 누리 씨는 학교에서 인기가 많아요. 노래를 아주 잘하거든요.
- 저는 보통 대한 마트에서 쇼핑을 해요. 물건 값이 싸거든요.
- 오늘은 정말 쉬고 싶어요. 몸살감기가 심하거든요.
- 이번 주말에는 못 만나요. 친구들과 놀이공원에 가기로 했거든요.

가: 케빈 씨, 무슨 일이 있어요?
나: 여자 친구가 화가 많이 났어요. 제가 약속을 어겼거든요.

가: 미선 씨, 오늘 아주 피곤해 보여요. 어디 아파요?
나: 어제 2시간밖에 못 잤거든요. 빨리 집에 가서 쉬고 싶어요.

- 헬스클럽 광고를 보고 보기 와 같이 이야기하십시오.

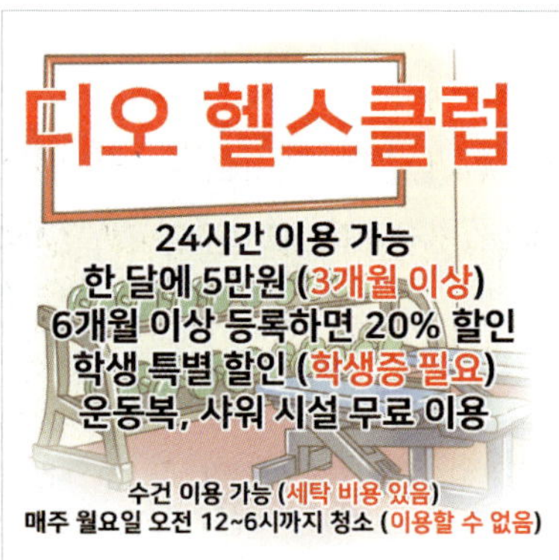

보기 한 달만 다닐 수 있을까?
① 할인을 받을 수 있을까?
② 할인을 받으려면 학생증이 필요할까?
③ 아무 때나 이용할 수 있을까?
④ 운동복을 가지고 다녀야 할까?
⑤ 수건을 무료로 이용할 수 있을까?

보기

필 립: 아나키 씨, 디오 헬스클럽에 다니고 있지요? 저도 운동을 하려고 하는데 헬스클럽은 처음이라서요. 한 달만 다녀보고 싶어요.
아나키: 디오 헬스클럽은 한 달 등록이 안 돼요. 3개월 이상 등록해야 **하거든요**.

2 -을까/ㄹ까 봐

- 비가 올까 봐 우산을 가지고 왔어요.
- 지각할까 봐 택시를 타고 왔어요.
- 친구들이 놀릴까 봐 말하지 않았어요.
- 버스가 출발했을까 봐 걱정했어요.

가: 줄리 씨, 왜 이렇게 일찍 왔어요?
나: 길이 막힐까 봐 오늘은 집에서 일찍 출발했어요.

가: 은하 씨, 왜 그렇게 천천히 걸어가세요?
나: 넘어질까 봐 조심하는 거예요.

- 걱정이 많은 유타 씨가 상담실에 갔습니다. 보기 와 같이 이야기하십시오.

보기

상담 선생님: 유타 씨, 오늘은 표정이 안 좋아 보이네요. 요즘 어떻게 지냈는지 이야기해 보세요.

유 타: 어제 시험이 끝났는데 성적이 안 **좋을까 봐** 걱정이 돼요.

연습해 봅시다

• 보기 와 같이 이야기하십시오.

보기 고등학교 3학년 학생	① 대학교 4학년 학생	② 33살 회사원
다음 주에 시험이 있다. 중요한 시험이라서 잘 봐야 한다.	내일 내가 입사하고 싶은 회사의 인터뷰가 있다. 그 회사에 꼭 들어가고 싶다.	좋은 사람을 만나서 결혼하고 싶은데 아직 사귀는 사람이 없다.

보기

가: 무슨 걱정이 있니?

나: 다음 주가 시험인데 잘 못 **볼까 봐** 걱정이야. 이번 시험은 정말 **중요하거든**.

복습

1 알맞은 단어를 골라서 (　　) 안에 쓰십시오.

감추다	기분이 상하다	사과하다	그만

윤아: 미정아, 남자 친구와 싸웠다면서? 무슨 일인지 물어봐도 돼?

미정: 어제 남자 친구하고 하루 종일 통화가 안 돼서 정말 답답했어. 그러다가 오늘 아침에 겨우 통화를 했는데 남자 친구가 내 질문에 제대로 대답을 하지 않고 ❶ (　　　　　)는/은/ㄴ 게 있는 것 같았어. 그래서 나도 모르게 ❷ (　　　　　) 남자 친구한테 심한 말을 했는데 남자 친구가 대답도 안 하고 전화를 끊었어. 내 말에 ❸ (　　　　　)나/은가/ㄴ가 봐.

윤아: 그랬구나. 네가 먼저 ❹ (　　　　　)을/ㄹ 생각은 없어?

장난	겁이 나다	오해하다	풀다	화해하다

미정: 내가 ❺ (　　　　　)는/은/ㄴ 거였으면 좋겠지만 요즘 남자 친구하고 친하게 지내는 여자가 있는 것 같아. 회사 근처에서 어떤 여자와 ❻ (　　　　　)을/를 치는 것을 본 적이 있거든.

윤아: 그런 것만 보고 어떻게 알아? ❼ (　　　　　)고 사이좋게 지냈으면 좋겠다.

미정: 나도 이번 일 때문에 우리 사이가 나빠질까 봐 ❽ (　　　　　). 하지만 이번 일은 남자 친구가 먼저 전화 못 받은 이유를 설명하고 오해를 ❾ (　　　　　)어/아/여 줬으면 좋겠어.

2 다음 문법을 사용하여 대화를 완성하십시오.

-는다는 것이	-고 말다	-거든요	-을까 봐

에반: 정호 씨, 제가 요즘 회사를 옮기려고 다른 회사를 알아보고 있는 거 아시죠?

정호: 알죠, 그런데 왜요? 무슨 일이 있어요?

에반: 제가 오늘 아침에 평소에 관심이 있던 회사에 서류를 보냈어요. 그런데 봉투에 제 이력서를 ❶ ＿＿＿＿＿(넣다) 우리 회사 서류를 넣어서 ❷ ＿＿＿＿＿(보내다).

정호: 그럼 그냥 이력서를 다시 보내면 되는 거 아니에요?

에반: 그런데 그렇게 간단한 문제가 아니에요. 제가 보낸 회사 서류에 중요한 사업 정보가 많이 ❸ ＿＿＿＿＿(들어 있다). 서류 봉투에는 제 이름과 주소도 있는데 혹시 그것 때문에 무슨 큰 문제가 ❹ ＿＿＿＿＿(생기다) 걱정이에요.

정호: 너무 걱정하지 마세요. 우체국에 전화해서 잘못 보낸 서류가 도착하기 전에 찾을 방법이 있는지 한번 알아봅시다.

부록

연습 문제
모범 답안(교재)
연습 문제 답안

연습 문제

1과 <1> 힘들기는요

어휘

1. 알맞은 단어를 골라서 (   ) 안에 쓰십시오.

기술　꿈　동기　신입생　전문가　정보　학과　입학하다

1) 어렸을 때 제 (   )은/는 의사였어요.
2) 무슨 일이든지 10년 이상 하면 (   )이/가 될 수 있어요.
3) 빵 만드는 (   )을/를 배워서 빵집을 하고 싶어요.
4) 올해 입학한 (   )들은 모두 키가 큰 것 같아요.
5) 기자가 되고 싶어서 신문방송(   )에 들어갔어요.
6) 요즘은 인터넷에서 필요한 (   )을/를 많이 얻을 수 있어요.
7) 동생이 고등학교에 (   )는데/은데/ㄴ데 무슨 선물을 줄까요?
8) 올해 회사에 같이 들어온 (   )들과 한잔하기로 했어요.

문법1 -기는요

1. 보기 와 같이 쓰십시오.

보기 술을 마셔요. → 술을 마시기는요.

1) 일을 다 끝내요. → ____________________
2) 방이 좁아요. → ____________________
3) 영화가 재미없어요. → ____________________
4) 동생이 잘생겼어요. → ____________________
5) 시험을 잘 봤어요. → ____________________

2. 보기 와 같이 대화를 완성하십시오.

> 보기 가: 숙제는 다 했어요?
> 나: 다 하기는요. 바빠서 아직 시작도 못 했는데요.

1) 가: 이 모자가 만 원인데 비싼 거지요?
   나: ______________________. 싸게 잘 샀네요.
2) 가: 둘이 같이 써야 하는데 방이 좀 좁지 않아요?
   나: ______________________. 이 정도면 세 명도 살 수 있겠어요.
3) 가: 요리를 정말 잘하시네요.
   나: ______________________. 요리하는 걸 좋아할 뿐이에요.
4) 가: 도와주지 못해서 미안해.
   나: ______________________. 네가 나보다 더 바쁜 것 같은데.
5) 가: 여행 준비는 다 했어요?
   나: ______________________

문법2 -을/ㄹ 뿐이다

1. 보기 와 같이 쓰십시오.

> 보기 열이 조금 있어요. → 열이 조금 있을 뿐이에요.

1) 이름만 알아요. → ______________________
2) 회사 동료예요. → ______________________
3) 머리가 좀 아파요. → ______________________
4) 계획만 세워요. → ______________________
5) 잠깐 도와 드렸어요. → ______________________

2. 보기 와 같이 대화를 완성하십시오.

보기 **가:** 피아노를 잘 치네요. 피아노를 전공하세요?
나: 아니요, 취미로 조금 칠 뿐이에요.

1) **가:** 괜찮아요? 아프면 집에 가서 쉬세요.
나: 아니에요. 어제 늦게까지 일해서 ______________________

2) **가:** 방이 깨끗하네요. 청소하셨어요?
나: 아니요, 방이 너무 복잡해서 ______________________

3) **가:** 두 사람은 결혼할 사이인가요?
나: 아니요, ______________________

4) **가:** 영수 씨를 잘 아세요?
나: 아니요, ______________________

5) **가:** 유정 씨, 바쁜데 이렇게 도와줘서 고마워요.
나: 고맙기는요. ______________________

1과 <2> 일이 좀 많은 편입니다

어휘

1. 알맞은 단어를 골라서 (　　　) 안에 쓰십시오.

궁금하다	긴장하다	낯설다	실력이 뛰어나다	입사하다	지내보다	최선을 다하다

1) 요즘은 외국어 (　　　　　　　　　　)는/은/ㄴ 직원들이 정말 많은 것 같아요.
2) 저는 시험을 보는 날은 잠을 못 잘 정도로 (　　　　　　)을/ㄹ 때가 많아요.
3) 앞으로 (　　　　　　　　　　)어서/아서/여서 열심히 일하겠습니다.
4) (　　　　　　)는/은/ㄴ 게 있으면 언제든지 저한테 물어 보세요.
5) 제가 원하는 회사에 (　　　　　　)기 위해서 열심히 준비하고 있어요.
6) 한국에 온 지 얼마 안 돼서 아직 모든 게 (　　　　　　)지만 곧 익숙해 질 거라고 생각해요.
7) 함께 (　　　　　　)으면/면 피터 씨가 얼마나 재미있는 사람인지 알게 될 거예요.

문법1 -기 위해서

1. 다음을 연결하고 보기 와 같이 쓰십시오.

보기 해외여행을 간다.	역사학을 전공했어요.
1) 역사 선생님이 된다.	돈을 모아요.
2) 학생증을 만든다.	방송국에 가요.
3) 좋아하는 배우를 본다.	학교 사무실에 갔어요.
4) 친구를 사귄다.	언어 교환을 신청했어요.
5) 한국 드라마를 본다.	한국말을 배울 거예요.

보기 저는 해외여행을 가기 위해서 돈을 모아요.

1) ______________________________
2) ______________________________
3) ______________________________
4) ______________________________
5) ______________________________

2. 보기 와 같이 대화를 완성하십시오.

> 보기 **가:** 미라 씨는 왜 한국 문학을 공부하세요?
> **나:** 한국어로 소설을 쓰기 위해서 한국 문학을 공부하고 있어요.

1) **가:** 토니 씨는 왜 한국어를 공부해요?

나: ____________________________________ 기 위해서 한국어를 공부하고 있어요.

2) **가:** 나오 씨, 외국어 공부를 왜 그렇게 열심히 하세요?

나: ____________________________________ 기 위해서 외국어 공부를 열심히 해요.

3) **가:** 미아 씨, 왜 날마다 노래를 부르고 춤을 추세요?

나: ____________________________________ 기 위해서 날마다 연습하는 거예요.

4) **가:** 성빈 씨, 왜 열심히 돈을 모으세요?

나: ____

5) **가:** 수아 씨, 누구를 위해서 이렇게 많은 고향 음식을 만들었어요?

나: ____

문법2 -는/은/ㄴ 편이다

1. 보기 와 같이 쓰십시오.

보기 운동	자주 한다.
1) 돈	많이 쓴다.
2) 시험	잘 봤다.
3) 커피	많이 마신다.
4) 게임	거의 안 한다.
5) 학교에서 집까지	가깝다.

> 보기 저는 일주일에 네 번 정도 운동하니까 운동을 자주하는 편이에요.

1) 저는 한 달에 60만 원 쯤 쓰니까 ____________________________________

2) 저는 이번 시험에서 81점을 받았는데 이 정도면 ____________________________

3) 저는 하루에 세 잔 정도 커피를 마시니까 ______________________

4) 일주일에 한 번 정도 게임을 하면 ______________________

5) 학교에서 집까지 걸어서 20분 정도 걸리면 ______________________

2. 보기 와 같이 대화를 완성하십시오.

보기 **가:** 샤오밍 씨, 녹차를 자주 드시는 것 같아요.
나: 네, 하루에 다섯 잔 정도 마시니까 많이 마시는 편이지요.

1) **가:** 한국은 과일 값이 비싸지요?

나: 요즘 사과 한 개에 천오백 원 쯤 해요. ______________________

2) **가:** 평일인데도 도서관에 사람이 많은 것 같네요.

나: 그렇지요? 오늘은 도서관에 ______________________

3) **가:** 매운 음식을 좋아하세요? 자주 드시는 것 같아요.

나: ______________________

4) **가:** 누리 씨, 극장에 자주 가는 것 같아요.

나: ______________________

5) **가:** 미치 씨 팀은 회의를 자주 하는 것 같아요.

나: ______________________

2과 <1> 지금 잠깐 쉬려던 참이었어요

어휘

1. 알맞은 단어를 골라서 (   ) 안에 쓰십시오.

개인적   상담   일정표   가능하다   선택하다   이용하다   그렇지 않아도

1) 학교 안에 있는 체육관을 (   )어/아/여 본 적이 있어요.
2) 처음 만나는 사람이 나이나 가족 관계 같은 (   )인 것을 물어보면 대답하기가 싫다.
3) (   ) 피자를 먹고 싶었는데 네가 사 가지고 왔구나.
4) 외국인은 한국어 시험을 봐야 우리 학교에 입학이 (   ).
5) 저는 이번 학기에 영문학의 이해 과목을 (   ).
6) (   )을/를 봐야 언제 시간이 있는지 알 수 있을 것 같아요.
7) 친구 관계에 문제가 있을 때는 전문가에게 한번 (   )을/를 받아 보는 것도 좋아요.

문법1 -으려던/려던 참이었다

1. 알맞은 것을 골라서 보기 와 같이 쓰십시오.

집에서 나가다	가게 문을 닫다
지금 닦다	라면을 끓여 먹다
은행에 가다	친구에게 문자 메시지를 보내다

보기 약속이 있어서 집에서 나가려던 참이었어요.

1) 손님이 없어서 ______________________________
2) 배가 고파서 ______________________________
3) 전기 요금을 내러 ______________________________
4) 부탁할 게 있어서 ______________________________
5) 책상 위에 먼지가 많아서 ______________________________

2. 보기 와 같이 대화를 완성하십시오.

보기 가: 피곤하지 않아요? 좀 쉬세요.
나: 그렇지 않아도 좀 쉬려던 참이었어요.

1) 가: 저녁을 먹으러 가는데 같이 갈래요?
나: 좋아요. 저도 저녁을 ____________________

2) 가: 다음 달에 여행을 가려면 지금쯤은 비행기 표를 예매해야 해요.
나: 그렇지 않아도 오늘 저녁에 ____________________

3) 가: 약속 시간에 늦지 않으려면 지금 출발해야 해요.
나: 안 그래도 지금 ____________________

4) 가: 리에 씨에게 모임 날짜를 알려 줘야지요. 전화해 보세요.
나: ____________________

5) 가: 감기가 아직 안 나았구나. 빨리 병원에 가 봐.
나: ____________________

문법2 -기만 하다

1. 알맞은 것을 골라서 보기 와 같이 쓰십시오.

모으다 먹다 받다 울다 떠들다 자다

보기 너무 피곤해서 밥도 안 먹고 자기만 했어요.

1) 마리아 씨가 안 좋은 일이 있었는지 이야기도 안 하고 ____________________

2) 저는 부모님께 지금까지 도움을 ____________________

3) 친구 집에 가서 공부는 안 하고 ____________________

4) 저는 요리는 안 하고 ____________________

5) 한나 씨는 돈을 쓰지 않고 ____________________

2. 보기 와 같이 대화를 완성하십시오.

보기 **가:** 동생이 공부를 열심히 해요?
나: 아니요. 공부는 안 하고 놀기만 해요.

1) **가:** 왕웨이 씨가 대답을 했어요?
나: 아니요, 대답은 안 하고 ______________________________

2) **가:** 케이 씨, 이 볶음밥에 무슨 재료를 넣었어요? 정말 맛있는데요.
나: 잘 모르겠어요. 재료는 언니가 넣고 저는 ______________________________

3) **가:** 리키 씨는 일을 열심히 하나요?
나: 아니요, 일은 안 하고 남에게 ______________________________

4) **가:** 라라 씨, 휴일에 좀 쉬었어요?
나: 아니요, 다음 주에 시험이 있어서 ______________________________

5) **가:** 주리 씨, 머리 모양이 달라졌네요. 뭘 한 거예요?
나: 그냥 짧게 ______________________________

2과 <2> 학교생활을 즐기려면 동아리에 가입해야지

어휘

1. 알맞은 단어를 골라서 (   ) 안에 쓰십시오.

각자　전시회　가입하다　돌아다니다　친하다　활동하다

1) 현수는 고등학교 때 학생회장으로 (   ).
2) 나는 축구를 좋아해서 대학교에 들어가면 축구 동아리에 (   )고 싶다.
3) 어머니께서 걱정하시니까 밤늦게까지 (   )지 말고 집에 일찍 들어 와.
4) 동아리 회원들은 발표회를 위해 (   ) 해야 할 일을 최선을 다해서 준비했다.
5) 저와 민수는 어렸을 때부터 매우 (   )어서/아서/여서 우리는 서로 비밀이 없어요.
6) 사진을 전공한 내 친구가 여행을 하면서 찍은 사진들을 모아서 (   )을/를 열었다.

문법1 -어야지요/아야지요/여야지요

1. 알맞은 것을 골라서 보기 와 같이 쓰십시오.

끝까지 하다	비행기 표를 미리 사다
운동을 하다	옷을 따뜻하게 입다
채소도 먹다	휴대 전화를 끄다

보기 건강해지려면 운동을 해야지요.

1) 한번 시작한 일은 ______________________________
2) 고기만 먹지 말고 ______________________________
3) 영화를 볼 때는 ______________________________
4) 날씨가 추우니까 밖에 나갈 때는 ______________________________
5) 요즘 휴가철이니까 여행을 하려면 ______________________________

2. 보기 와 같이 대화를 완성하십시오.

> 보기 **가:** 요즘 바빠서 부모님께 연락을 잘 못 드렸어요.
> **나:** 바빠도 부모님께 자주 연락을 드려야지요.

1) **가:** 내년에 미국으로 유학을 가려고 생각 중인데 무엇부터 준비해야 할까?

나: 유학을 가려면 ________________

2) **가:** 하루 종일 쉬지도 못하고 일을 해서 몸살감기에 걸린 것 같아요.

나: 몸이 안 좋으면 ________________

3) **가:** 너무 피곤해서 그냥 자고 싶어요.

나: 그래도 하던 일은 ________________

4) **가:** 어제 시험을 봤는데 시험지에 이름을 쓰는 걸 깜빡 잊어버리고 냈어.

나: 시험지를 받으면 ________________

5) **가:** 회의 중에 과장님이 중요한 이야기를 하셨는데 다 잊어버렸어요.

나: 잊어버리지 않으려면 중요한 일은 ________________

문법2 -어/아/여 보이다

1. 알맞은 것을 골라서 보기 와 같이 쓰십시오.

> 길다　좋다　넓다　무섭다　불편하다　작다

> 보기 물건이 많지 않아서 방이 넓어 보여요.

1) 까만색 바지를 입으니까 다리가 ________________

2) 옆에 키가 큰 사람이 서 있으니까 제가 더 ________________

3) 오늘 에릭 씨가 계속 웃고 있어요. 기분이 ________________

4) 처음 선생님을 봤을 때 웃지 않으셔서 ________________

5) 잘 때 입는 옷은 편해야 하는데 이 옷은 ________________

2. 보기 와 같이 대화를 완성하십시오.

> 보기 **가**: 제가 만든 잡채예요. 한번 드셔 보세요.
> **나**: 와, 정말 맛있어 보이네요.

1) **가**: 어제 친구 결혼식에서 찍은 사진이야. 신랑과 신부가 참 잘 어울리지?

   나: 응, 두 사람이 정말 ______________________________

2) **가**: 머리를 짧게 잘랐는데 어때요?

   나: 짧게 자르니까 ______________________________

3) **가**: 언어 교환 친구는 만나 봤어? 어땠어?

   나: 응, 어제 처음 만났는데 ______________________________

4) **가**: 유키 씨가 요즘 너무 바빠서 잠을 잘 못 잔다고 했어요.

   나: 그래요? 아까 만났는데 ______________________________

5) **가**: 요즘 '사랑의 시작'라는 영화가 인기가 많다고 들었는데 같이 보러 갈래?

   나: 텔레비전에서 하는 광고를 봤는데 ______________________________

3과 <1> 익숙해서 그런지 아파트가 좋아요

어휘

1. 알맞은 단어를 골라서 (   ) 안에 쓰십시오.

공간	단독 주택	정원	가꾸다	갖추다	관리하다	상쾌하다

1) 방이 너무 작아서 침대를 놓을 (   )이/가 없어요.
2) 필요한 서류를 모두 (   )어서/아서/여서 사무실로 보내 주세요.
3) 큰 개를 키우려면 (   )에서 사는 게 좋을 것 같아요.
4) 어머니는 취미로 아파트 베란다에서 꽃과 채소를 (   ).
5) 무슨 물건이든지 잘 (   )으면/면 오래 새 것처럼 쓸 수 있다.
6) 놀이공원 안에 장미 (   )이/가 있어서 예쁜 장미꽃도 볼 수 있어요.
7) 아침 일찍 산에 올라가서 맑고 시원한 공기를 마시면 기분이 (   ).

문법1 -는다면/ㄴ다면/다면

1. 다음을 연결하고 보기 와 같이 쓰십시오.

보기 대학교에 합격해요.	여행을 가고 싶어요.
1) 제가 의사예요.	정말 열심히 공부할 거예요.
2) 시간이 많아요.	같이 사진을 찍자고 하겠어요.
3) 유명한 사람을 만나요.	생활이 아주 불편해질 거예요.
4) 세상에 자동차가 없어요.	돈이 없는 환자는 무료로 치료해 주겠어요.
5) 미래를 볼 수 있어요.	좋겠지만 좀 무서울 것 같아요.

보기 대학교에 합격한다면 정말 열심히 공부할 거예요.

1) ______________________________
2) ______________________________
3) ______________________________
4) ______________________________
5) ______________________________

2. 보기 와 같이 대화를 완성하십시오.

보기 **가:** 한국말을 잘하면 뭘 하고 싶어요?
나: 한국말을 잘한다면 한국에서 일하고 싶어요.

1) **가:** 남자 친구가 생기면 뭘 하고 싶어요?
나: ____________________

2) **가:** 오늘이 주말이라면 뭘 하겠어요?
나: ____________________

3) **가:** 좋아하는 연예인을 보면 어떻게 하겠어요?
나: ____________________

4) **가:** 휴대 전화가 없어진다면 어떨까요?
나: ____________________

5) **가:** 산타클로스가 진짜 있다면 무슨 선물을 받고 싶어요?
나: ____________________

문법2 -어서/아서/여서 그런지

1. 다음을 연결하고 보기 와 같이 쓰십시오.

보기 매일 운동을 한다.	눈이 나빠졌어요.
1) 요즘 과로했다.	잠이 오지 않아요.
2) 공부 때문에 바쁘다.	소화가 잘 안돼요.
3) 밥을 급하게 먹었다.	많이 자도 피곤해요.
4) 커피를 많이 마셨다.	감기에 잘 걸리지 않아요.
5) 컴퓨터를 많이 봤다.	책을 읽는 학생이 줄었어요.

보기 매일 운동을 해서 그런지 감기에 잘 걸리지 않아요.

1) ____________________
2) ____________________
3) ____________________
4) ____________________
5) ____________________

2. 다음에서 이유를 찾아서 보기 와 같이 대화를 완성하십시오.

___ 어제 노래를 많이 불렀다.	___ 요즘 휴가철이다.
___ 어제 밤에 라면을 먹고 잤다.	___ 요즘 날씨가 너무 덥다.
___ 어제 춥게 잤다.	___ 요즘 친구들과 한국말로만 이야기한다.
✔ 오늘이 세일 마지막 날이다.	___ 역사를 배운 지 오래됐다.

보기 **가:** 오늘 백화점에 사람이 많았어요?
나: 네, 오늘이 세일 마지막 날이어서 그런지 아주 복잡했어요.

1) **가:** 오늘 아침에는 얼굴이 많이 부었네요.
나: 네, ________________________ 얼굴이 부었어요.

2) **가:** 목소리가 왜 그래요?
나: ________________________ 목이 좀 아프네요.

3) **가:** 시내에 사람이 별로 없네요.
나: 네, ________________________ 시내가 복잡하지 않군요.

4) **가:** 고등학교 때 역사를 배우지 않았어요?
나: 아니요, 배웠는데 ________________________ 다 잊어버렸어요.

5) **가:** 한국말 실력이 많이 늘었군요.
나: 네, ________________________

3과 <2> 학교도 보이고요

어휘 1. **알맞은 단어를 골라서 (　　　) 안에 쓰십시오.**

난방	냉방	부동산	수도	신혼부부	통하다	확실하다	당연히

1) 누리 씨 방은 바람이 잘 (　　　　　　)어서/아서/여서 아주 시원하네요.
2) (　　　　　　) 시설이 고장 나서 사무실이 너무 더워요.
3) 우리 앞집에 결혼한 지 얼마 안 된 (　　　　　　)이/가 이사를 왔어요.
4) (　　　　　　) 직원과 같이 가서 이사할 집을 보고 왔어요.
5) 이상하네요. (　　　　　　)에 문제가 없는데 방이 따뜻해지지 않아요.
6) 안 도와주셔도 됩니다. (　　　　　　) 제가 해야 하는 일이니까요.
7) 우리 집 (　　　　　　)에 문제가 생겨서 어제부터 물을 못 쓰고 있어요.
8) 이영수 씨, 회의가 취소된 게 (　　　　　　)어요/아요/여요?

문법1 피동

1. **보기 와 같이 쓰십시오.**

보기 우리 집에서 서울 타워가 잘 보여요~~어요/아요/여요~~. (보다)

1) 여보세요? 제 말이 잘 안 ________________ 으세요/세요? (듣다)
2) 우리 교실 창문이 고장 난 것 같아요. 안 ________________ 어요/아요/여요. (열다)
3) 밤에 내린 눈이 하얗게 ________________ 었어요/았어요/였어요. (쌓다)
4) 그 영화에서 여자가 ________________ 는/은/ㄴ 장면이 너무 무서웠어요. (쫓다)
5) 지하에서는 전화가 잘 ________________ 지 않아요. (걸다)

2. 보기 와 같이 대화를 완성하십시오.

> 보기 **가:** 저한테 전화도 안 하고 어떻게 우리 집을 찾았어요? (보다)
> **나:** 사랑 부동산이 잘 보여서~~어서/아서/여서~~ 쉽게 찾았어요.

1) **가:** 지나 씨, 어제 저녁에는 뭘 하셨어요? (모으다)

나: 오랜만에 식구들이 다 ____________ 어서/아서/여서 함께 저녁을 먹었어요.

2) **가:** 안나 씨, 뭐 하세요? (닫다)

나: 추워서 창문을 닫으려고 하는데 잘 안 ____________ 네요.

3) **가:** 유키 씨, 왜 갑자기 전화를 끊었어요? (끊다)

나: 제가 엘리베이터를 타니까 전화가 ____________ 었어요/았어요/였어요.

4) **가:** 매장에서 요즘 제일 인기 있는 가전제품이 뭡니까? (팔다)

나: ________________________________

5) **가:** 누가 해리 씨를 부르는 것 같아요. (듣다)

나: ________________________________

문법2 -어/아/여 있다

1. 보기 와 같이 쓰십시오.

> 보기 창문이 열려 있어서~~어서/아서/여서~~ 추워요. (열리다)

1) 아기가 엄마에게 ____________ 어요/아요/여요. (안기다)

2) 우리 하숙집 앞에 사람들이 ____________ 었어요/았어요/였어요. (서다)

3) 미나 씨, 교실 옷걸이에 제 코트가 ____________ 나요? (걸리다)

4) 제 책상 위에 편지가 ____________ 어서/아서/여서 읽어 봤어요. (놓이다)

5) 지금 고향 친구가 우리 집에 ____________ 어요/아요/여요. (오다)

2. 보기 와 같이 대화를 완성하십시오.

깨지다 눕다 모이다 비다 쌓이다 쓰다

보기 **가**: 미선 씨, 어디에 가세요?
나: 편의점에 가요. 뭘 좀 먹으려고 했는데 냉장고가 비어 있어서요.

1) **가**: 일요일인데 뭘 할 거예요?
나: 오늘은 빨래를 해야 돼요. 빨래를 해야 할 옷이 ______________________

2) **가**: 친구들은 다 왔어요?
나: 네, 빨리 오세요. 학교 정문 앞에 ______________________

3) **가**: 어디에 가세요? 주디 씨?
나: 교실 칠판에 525호로 오라고 ______________________. 안느 씨도 같이 가요.

4) **가**: 은영아, 하루 종일 방에서 뭐하니?
나: 머리가 좀 아파서 침대에 ______________________

5) **가**: 컵에 무슨 문제가 있나요?
나: 상자를 열었는데 컵이 ______________________. 새 컵으로 바꿔 주세요.

4과 <1> 중요한 물건은 미리 챙겨 놓으시면 좋습니다

어휘

1. 알맞은 단어를 골라서 (　　　) 안에 쓰십시오.

예정	포장 이사	비용이 들다	챙기다	혹시

1) 내일 아침 일찍 비행기를 탈 거니까 여권은 미리 (　　　　　　)어/아/여 놓으세요.
2) 환율이 올라서 해외여행 준비에 생각보다 많은 (　　　　　　　　　).
3) 저는 금요일에 부산에 갔다가 일요일에 서울로 돌아올 (　　　　　　)입니다.
4) 이야기할 게 있는데 (　　　　　　) 오늘 오후에 잠깐 시간이 있어요?
5) 혼자 짐을 싸고 정리하는 게 너무 힘들어서 (　　　　　　)을/를 하기로 했어요.

문법 1 -을지/ㄹ지 -을지/ㄹ지

1. 보기 와 같이 쓰십시오.

> 보기 토요일에 만나요. / 일요일에 만나요. / 생각 중이에요.
> → 토요일에 만날지 일요일에 만날지 생각 중이에요.

1) 집으로 초대해요. / 밖에서 만나요. / 아직 결정하지 못했어요.

→ ____________________

2) 여행을 1박 2일로 가요. / 2박 3일로 가요. / 친구들과 이야기하고 있어요.

→ ____________________

3) 기차를 타요. / 버스를 타요. / 아직 잘 모르겠어요.

→ ____________________

4) 옷을 새로 사요. / 빌려서 입어요. / 생각하고 있어요.

→ ____________________

5) 이 회사에서 계속 일해요. / 다른 회사로 옮겨요. / 결정하지 못했어요.

→ ____________________

2. 보기 와 같이 대화를 완성하십시오.

> 보기 **가:** 이번 주말에 뭐 할 거예요?
> **나:** 영화를 볼지 놀이공원에 갈지 생각 중이에요.

1) **가:** 여름휴가 때 어디로 여행을 갈 거예요?

나: ______________________ 아직 잘 모르겠어요.

2) **가:** 동생에게 뭘 선물할지 결정했어요?

나: 아니요, ______________________ 아직 결정하지 못했어요.

3) **가:** 친구들을 초대하려고요? 무슨 음식을 준비할 거예요?

나: ______________________ 생각 중이에요.

4) **가:** 연휴에 설악산에 갔다가 올 거지요? 어떻게 갈 거예요?

나: ______________________

5) **가:** 제니 씨, 고향 친구들과 어디에서 쇼핑할 거예요?

나: ______________________

문법2 -어/아/여 놓다

1. 보기 와 같이 쓰십시오.

> 보기 동생이 에어컨을 켜 놓았어요. (에어컨 켜기)

1) 언니가 ______________________ (과일 씻기)

2) 아버지께서 ______________________ (맥주 사기)

3) 제가 ______________________ (식탁 닦기)

4) 어머니께서 그릇에 ______________________ (반찬 담기)

5) 오빠가 ______________________ (컵 꺼내기)

2. 보기 와 같이 대화를 완성하십시오.

보기 **가**: 지난번에 간 중국집 전화번호를 알아요?
나: 네, 제가 수첩에 써 놓았어요.

1) **가**: 내일이 미에코 씨 생일인데 선물은 준비했어요?
   나: 네, 미에코 씨가 좋아하는 향수를 ______________________

2) **가**: 오늘 저녁 파티에 사용할 접시는 다 준비됐어요?
   나: 네, 제가 깨끗하게 ______________________

3) **가**: 우리 오늘 저녁에 피자를 먹을까요?
   나: 좋아요. 제가 피자를 ______________________

4) **가**: 우리 이번 주말에 영화를 보는 게 어때요? 제가 저녁을 살게요.
   나: 그럼 표는 제가 ______________________

5) **가**: 컴퓨터는 언제 찾으러 오면 돼요?
   나: 모레 찾으러 오십시오. 그때까지 ______________________

4과 <2> 재활용품은 수요일에 버려야 한대

어휘

1. 알맞은 단어를 골라서 (　　) 안에 쓰십시오.

벌금　비닐　재활용품　두다　버리다　따로따로　제대로

1) 제가 어제 책상 위에 (　　　　　　)는/은/ㄴ 잡지가 어디에 있는지 아세요?
2) 편의점에서 물건을 사면 (　　　　　　)으로/로 된 봉투에 넣어서 줘요.
3) 친구들과 같이 점심을 먹은 후에 음식 값을 (　　　　　　) 계산했다.
4) 치약이 아직 남았으니까 (　　　　　　)지 말고 끝까지 다 쓰는 게 좋을 것 같아.
5) (　　　　　　)은/는 일반 쓰레기와 같이 넣으면 안 돼요.
6) 모임에 늦게 오는 사람들이 많아서 앞으로 늦으면 (　　　　　　)을/를 내기로 했다.
7) 수업 시간에 다른 생각을 하다가 선생님의 질문에 (　　　　　　) 대답하지 못했다.

문법1 -는대요/ㄴ대요/대요

1. 보기 와 같이 쓰십시오.

보기 "다음 회의는 화요일이에요." → 다음 회의는 화요일이래요.

1) "유키 씨가 매운 음식을 좋아해요." → ______________________
2) "한국은 여름에 아주 더워요." → ______________________
3) "약속 장소가 어디예요?" → ______________________
4) "늦지 말고 일찍 오세요." → ______________________
5) "이번 주 일요일에 등산을 합시다." → ______________________

2. 보기 와 같이 대화를 완성하십시오.

보기 **가:** 어제 우진 씨와 만났지요? 어떻게 지낸대요?
나: 요즘 회사에 일이 많아서 아주 바쁘대요.

1) **가:** 에릭 씨는 어느 나라 사람이에요?
나: 윤아 씨에게 들었는데 ______________________. 고향이 하와이라고 들었어요.

2) **가:** 약속 시간이 1시간이나 지났는데 흐엉 씨가 왜 안 오지요?
나: 아까 저에게 문자 메시지를 보냈는데 차가 밀려서 ______________________

3) **가:** 이번 달 동아리 모임을 언제 하는지 알아?

나: 내가 회장에게 물어봤는데 이번 주는 시험 기간이니까 ____________________

4) **가:** 한국 사람들이 처음 만나면 뭘 많이 물어봐요?

나: ____________________

5) **가:** 노라 씨, 오랜만에 고향에 간다고 하니까 친구들이 뭐라고 해요?

나: ____________________

문법2 아무

1. 알맞은 것을 골라서 보기 와 같이 쓰십시오.

아무거나	아무나
아무 때나	아무 데나
아무 옷이나	아무 음식이나

보기 예약하지 않아도 괜찮아요. 아무 때나 오세요.

1) 시간이 없으니까 ____________________ 먹읍시다.

2) 어디에 앉아도 다 잘 보여요. ____________________ 앉으세요.

3) 특별히 좋은 볼펜이 아니어도 되니까 검은색이면 ____________________ 사자.

4) 중요한 자리가 아니니까 청바지만 아니면 ____________________ 입어도 돼요.

5) 여기에는 ____________________ 들어갈 수 없어요. 이 가게 점원들만 들어갈 수 있어요.

2. 보기 와 같이 대화를 완성하십시오.

> 보기 **가:** 이야기할 게 있는데 언제 전화하면 돼?
> **나:** 아무 때나 전화해. 오늘은 하루 종일 집에 있을 거야.

1) **가:** 오늘 점심은 어디에서 먹으면 좋을까? 잘 아는 식당이 있어?

나: 아니, 그냥 ______________________________ 가서 먹자.

2) **가:** 사장님이 오실 때까지 잠깐만 기다려 주세요. 무슨 차를 준비해 드릴까요?

나: ______________________________ 다 괜찮습니다.

3) **가:** 학교 운동장은 학생이 아닌 사람도 이용할 수 있어요?

나: 네, ______________________________ 이용할 수 있어요.

4) **가:** 처음 보는 과자인데 정말 맛있네요. 어디에서 살 수 있어요?

나: ______________________________

5) **가:** 머리가 아픈데 책상 위에 있는 약을 먹어도 돼요?

나: ______________________________

5과

<1> 한국에 온 지 얼마 안 됐잖아요

어휘

1. 알맞은 단어를 골라서 (   ) 안에 쓰십시오.

기본적	첫인상	놀라다	당황스럽다	창피하다	찾아뵈다	쳐다보다	깜짝

1) 개인적인 질문을 받아서 (   ).
2) 어제 오랜만에 고등학교 때 선생님을 (   ).
3) 사람들이 모두 보고 있는데 실수를 해서 (   ).
4) 바람 때문에 갑자기 문이 닫혀서 (   ) 놀랐어요.
5) 모르는 사람을 계속 (   )는/은/ㄴ 것은 실례입니다.
6) 3개월만 배워도 생활에 필요한 (   )인 한국말은 할 수 있어요.
7) 큰 소리로 말하면 아이가 (   )으니까/니까 조용히 말씀해 주세요.
8) 처음 만났을 때 영수 씨가 잘 웃지 않아서 (   )이/가 별로 안 좋았어요.

문법1 -었더니/았더니/였더니

1. 다음을 연결하고 보기 와 같이 쓰십시오.

보기 제가 친구를 도와줬어요. •	• 입맛이 없네요.
1) 방을 정리했어요. •	• 다리가 부었어요.
2) 하루 종일 서 있었어요. •	• 방이 넓어 보여요.
3) 조용한 음악을 들었어요. •	• 마음이 편해졌어요.
4) 과자를 이것저것 먹었어요. •	• 동생이 괜찮다고 했어요.
5) 제가 동생에게 미안하다고 했어요. •	• 친구가 고마워했어요.

보기 제가 친구를 도와줬더니 친구가 고마워했어요.

1) ______________________________
2) ______________________________
3) ______________________________
4) ______________________________
5) ______________________________

2. 보기 와 같이 대화를 완성하십시오.

> 보기 **가:** 배 아픈 건 좀 어때요?.
> **나:** 약을 먹었더니 괜찮아졌어요.

1) **가:** 친구 학교는 방학이 언제래요?

나: ________________ 이번 주 목요일부터래요.

2) **가:** 어디 아프세요?

나: ________________ 머리가 아파요.

3) **가:** 밖에 누가 왔어요?

나: ________________ 아무도 없어요. 이상해요.

4) **가:** 친구한테 생일 선물을 줬어요?

나: 네, ________________ 아주 고마워했어요.

5) **가:** 부모님께서 왜 그렇게 걱정을 하세요?

나: ________________

문법2 -잖아요

1. 알맞은 것을 골라서 보기 와 같이 쓰십시오.

여름에 사면 더 비싸다	주말에는 복잡하다
왕웨이 씨가 중국 사람이다	떨어뜨리면 깨지다
레몬에 비타민 시(C)가 많다	시간이 지나면 잊어버리다

> 보기 겨울에 에어컨을 사세요. 여름에 사면 더 비싸잖아요.

1) 조심하세요. ________________

2) 레몬차를 드세요. ________________

3) 중요한 것은 적어 놓으세요. ________________

4) 시간이 있으면 평일에 영화를 보세요. ________________

5) 중국말은 왕웨이 씨한테 물어보세요. ________________

2. 보기 와 같이 대화를 완성하십시오.

보기 **가:** 왜 그렇게 열심히 운동을 하세요?
나: 운동을 해야 건강하게 살 수 있잖아요.

1) **가:** 오늘은 주말도 아닌데 백화점에 사람이 많네요.

나: 오늘부터 ____________________

2) **가:** 비행기 표를 예매해야 할까요?

나: 그럼요. 휴가철에는 ____________________

3) **가:** 마이클 씨가 요즘 안 보이네요.

나: 몰랐어요? 지난주에 ____________________

4) **가:** 슈스케 씨가 이번에 한국 회사에 들어갔대요.

나: 슈스케 씨가 ____________________

5) **가:** 어떻게 하면 한국말 연습을 많이 할 수 있을까요?

나: 한국 친구를 사귀세요. 그럼 ____________________

5과 <2> 영양이 아주 풍부하다면서요?

어휘

1. 알맞은 단어를 골라서 ( ) 안에 쓰십시오.

간단하다 서투르다 영양이 풍부하다 골고루 한꺼번에

1) 포도는 ( )고 맛도 좋아서 항상 즐겨 먹는 과일이에요.
2) 아르바이트를 시작한 지 일주일밖에 안 돼서 일이 좀 ( )는/은/ㄴ 편이에요.
3) 해야 할 일이 많으니까 ( ) 다 하려고 하지 말고 나눠서 하세요.
4) 김치볶음밥은 김치하고 밥만 있으면 ( )게 만들 수 있는 음식이에요.
5) 고기만 먹지 말고 채소도 좀 드세요. 음식을 ( ) 먹어야지요.

문법1 -고 나서

1. 보기 와 같이 쓰십시오.

보기 먼저 설거지부터 한다. / 청소하자.
→ 먼저 설거지부터 하고 나서 청소하자.

1) 여행갈 때 필요한 물건을 다 챙긴다. / 짐을 싸기 시작했어요.

→ ______________________________

2) 이메일을 보낸다. / 문자 메시지를 보내세요.

→ ______________________________

3) 먼저 치킨을 주문한다. / 떡볶이를 만듭시다.

→ ______________________________

4) 친구들과 농구를 한다. / 밥을 먹으러 갔어요.

→ ______________________________

5) 숙제부터 다 해 놓는다. / 게임을 해라.

→ ______________________________

2. 보기 와 같이 대화를 완성하십시오.

> 보기 가: 요즘 단 음식을 많이 먹어서 그런지 이가 자주 아파요.
> 나: 음식을 먹고 나서 이를 꼭 닦으세요.

1) 가: 어제 이튼 씨하고 뭘 했어요?

나: ________________ 영화를 봤어요.

2) 가: 하루에 두 번 먹으라고 쓰여 있는데 이 약은 언제 먹어야 해요?

나: 아침과 저녁에 두 번, ________________

3) 가: 배고픈데 저녁은 언제 먹어요?

나: 동아리 선배들과 인사를 ________________

4) 가: 호명아, 너 언제 숙제할 거니?

나: ________________

5) 가: 주말인데 우리 뭘 할까?

나: ________________

문법 1 -는다면서요/ㄴ다면서요/다면서요?

1. 보기 와 같이 쓰십시오.

> 보기 요나 씨가 이번 방학에 편의점에서 아르바이트를 해요.
> → 요나 씨가 이번 방학에 편의점에서 아르바이트를 한다면서요?

1) 메리 씨가 다음 달에 결혼을 해요.

→ ________________

2) 가수 일라이가 우리 학교에 와요.

→ ________________

3) 포이 씨가 고향으로 돌아갔어요.

→ ________________

4) 이튼 씨 여자 친구가 예뻐요.

→ ________________

5) 카미 씨 동생이 한국어 선생님이에요.

→ ________________

2. 보기 와 같이 대화를 완성하십시오.

YONSEI EMAIL

보낸 사람	존
제 목	안녕? 윤아야.

안녕? 윤아야.
나는 지난 주말에 마티랑 둘이 제주도에서 보기 자전거 여행을 했어. 바다도 보고 한라산에도 올라가고. 좀 힘들었지만 정말 재미있었어. 유명한 ① 제주도 돼지고기도 먹었는데 좀 비쌌지만 우리가 먹는 삼겹살하고 정말 달랐어. ② 한라산은 걸어서 올라갔는데 그날 바람이 많이 불어서 사진을 찍기가 힘들었어. 그래도 ③ 재미있는 사진을 많이 찍었으니까 마티한테 보여 달라고 해. 일요일에는 계속 자전거를 타고 다니면서 유명한 해변에 많이 가 봤어. 마티가 ④ 바다를 그렇게 좋아하는 줄 몰랐어. 바다에서 산책도 하고 마티하고 이야기도 하고 신선한 해산물도 먹을 수 있어서 참 좋았어. ⑤ 제주도는 음식값이 좀 비싸지만 볼거리가 많아서 여행하기 좋은 곳이야. 너도 시간이 있으면 꼭 가 봐.

보기 **윤아:** 마티야, 주말에 존이랑 제주도에서 자전거 여행을 했다면서?
마티: 응, 존한테 들었구나. 정말 재미있었어.

1) **윤아:** ______________________________
마티: 응, 아주 맛있었어. 존하고 4인분이나 먹었어.

2) **윤아:** ______________________________
마티: 응, 존은 잘 걸었는데 나는 정말 힘들었어.

3) **윤아:** ______________________________ 나 좀 보여 줘.
마티: 바람 때문에 사진 찍기가 힘들었는데 재미있었어. 여기 있어.

4) **윤아:** 진짜 재미있어 보이는데? 참! ______________________________
마티: 응, 진짜 좋아해. 좋은 기억이 많아서.

5) **윤아:** 그런데 ______________________________
마티: 응, 그렇지만 음식이 정말 맛있었어. 다음에 또 가고 싶어.

6과 <1> 약을 먹었는데도 기침이 나요

어휘

1. 알맞은 단어를 골라서 (   ) 안에 쓰십시오.

당일   아침저녁   진찰   기온이 내려가다   앓다

1) 계속 피곤해 보이는데 병원에 가서 (   )을/를 받아보는 게 어때요?
2) 서울에서 부산까지 (   )으로/로 다녀오려면 아침 일찍부터 서둘러야겠다.
3) 일주일 동안 감기를 심하게 (   )었더니/았더니/였더니 입맛이 없다.
4) 내일 아침에는 오늘 아침보다 (   )는다고/ㄴ다고/다고 해서 코트를 꺼내 놓았다.
5) 요즘 (   )으로/로 시원한 바람이 부네요. 가을이 온 것 같아요.

문법1 -는데도/은데도/ㄴ데도

1. 다음을 연결하고 보기 와 같이 쓰십시오.

보기 그 가방은 비싸요.	놀이공원에 사람들이 많지 않아요.
1) 오늘은 휴일이에요.	잘 모르겠어요.
2) 지난주에 배웠어요.	먼지가 많아요.
3) 매일 책상 위를 닦아요.	배가 고파요.
4) 집이 가까워요.	날마다 학교에 늦어요.
5) 밥을 많이 먹었어요.	사는 사람들이 많아요.

보기 그 가방은 비싼데도 사는 사람들이 많아요.

1) ______________________________
2) ______________________________
3) ______________________________
4) ______________________________
5) ______________________________

2. 보기 와 같이 대화를 완성하십시오.

> 보기 **가:** 엔야 씨는 등산하러 갔어요?
> **나:** 네, 비가 오는데도 등산하러 나갔어요.

1) **가:** 왜 이렇게 피곤해 보여요? 어제 못 잤어요?

   나: 아니요, ______________________ 계속 졸려요.

2) **가:** 어제 발표는 잘했어요?

   나: 아니요, ______________________ 잘하지 못했어요.

3) **가:** 크리스 씨는 돈을 잘 쓰는 편이에요?

   나: 아니요, ______________________ 돈을 잘 쓰지 않아요.

4) **가:** 리엔 씨가 살고 있는 하숙집은 하숙비가 비싸죠? 시설은 어때요?

   나: ____

5) **가:** 피아노를 10년이나 배웠으면 잘 치겠어요.

   나: ____

문법2 -기가 쉽다

1. 알맞은 것을 골라서 보기 와 같이 쓰십시오.

건강이 나빠지다	실수하다
틀리다	감기에 걸리다
잃어버리다	사고가 나다

> 보기 급하게 일을 하면 실수하기가 쉬우니까 천천히 하세요.

1) 복잡한 숫자 계산은 ____

2) 겨울인데 그렇게 옷을 얇게 입고 다니면 ______________________________

3) 지갑을 그렇게 들고 다니면 ______________________________________

4) 너무 빠른 속도로 운전하면 ______________________________________

5) 그렇게 쉬지 않고 무리를 하면 ____________________________________

2. 보기 와 같이 대화를 완성하십시오.

보기 **가:** 이 책을 봉투에 넣어 드릴까요?
나: 책이 무거워서 봉투는 찢어지기가 쉬울 것 같아요. 제 가방에 넣을게요.

1) **가:** 오늘 오후에 친구들과 축구를 하기로 했어요.

나: 축구를 하기 전에 준비 운동을 안 하면 ____________________. 준비 운동을 꼭 하세요.

2) **가:** 오늘 날씨가 너무 더워서 아이스크림을 4개나 먹었어요.

나: 아이스크림 같이 찬 음식을 너무 많이 먹으면 ____________________

3) **가:** 아이에게 유리컵을 주면 안 되겠죠?

나: 네, ____________________ 다른 컵을 주세요.

4) **가:** 길에 눈이 많이 쌓여 있네요.

나: 이런 길에서는 ____________________

5) **가:** 나는 텔레비전을 가까이에서 보는 편이야.

나: ____________________

어휘

1. 알맞은 단어를 골라서 (   ) 안에 쓰십시오.

발목 뼈 엑스레이 진통제 회복 삐다 처방하다 촬영하다

1) 농구를 하다가 넘어져서 손목을 (   ).
2) 높은 구두를 오래 신으면 (   )에 좋지 않아요.
3) 두통이 심해서 약국에 (   )을/를 사러 가야겠다.
4) 우리 집 앞에서 드라마를 (   )고 있어서 밖이 시끄럽고 복잡해요.
5) 의사 선생님은 약을 (   )어/아/여 주시면서 삼일 후에 다시 오라고 하셨다.
6) 민영 씨는 아직 다친 팔이 (   )이/가 되지 않아서 오늘 경기에 나갈 수 없었다.
7) 가벼운 교통사고였지만 병원에 가서 (   )을/를 찍어 보기로 했다.
8) 동생에게 우유를 마시면 키도 크고 (   )이/가 튼튼해진다고 했더니 아침마다 빼놓지 않고 마신다.

문법1 -을지도/ㄹ지도 모르다

1. 보기 와 같이 쓰십시오.

보기 늦게 가면 물건이 없어요. → 늦게 가면 물건이 없을지도 몰라요.

1) 눈이 오면 길이 막혀요. → ____________________
2) 흐엉 씨가 집에 가고 싶어 해요. → ____________________
3) 리에 씨는 술을 마시지 않아요. → ____________________
4) 올리비아 씨가 저보다 언니예요. → ____________________
5) 에릭 씨는 벌써 그 영화를 봤어요. → ____________________

2. 보기 와 같이 대화를 완성하십시오.

보기 **가:** 지금 비가 안 오는데 우산을 가지고 가야 할까요?
나: 오후에 비가 올지도 몰라요. 가지고 가 보세요.

1) **가:** 친구하고 3시에 만나기로 했는데 2시 반쯤 나가도 괜찮겠지?
나: 차가 ____________________ 으니까/니까 일찍 나가는 게 좋을 것 같아.

2) 가: 어제 화장실에서 휴대 전화를 떨어뜨렸어. 아직은 괜찮은 것 같은데.

나: 그래도 ______________________ 으니까/니까 서비스 센터에 가지고 가 봐.

3) 가: 이번 주말에 부산에 가는데 아직 예매를 못 했어요.

나: 빨리 예매하세요. ______________________

4) 가: 저기 민수 옆에 있는 여자는 누구지? 처음 보는 얼굴인데.

나: 민수는 누나랑 여동생이 없다고 했어. ______________________

5) 가: 사람이 10명이라서 고기를 10인분만 준비했는데 괜찮을까요?

나: 다들 많이 먹으니까 ______________________

문법2 -으려면/려면2

1. 보기 와 같이 쓰십시오.

> 보기 수업이 끝나요. / 조금 더 기다리셔야 합니다.
> → 수업이 끝나려면 조금 더 기다리셔야 합니다.

1) 요리가 나와요. / 조금 더 기다리셔야 합니다.

→ ______________________

2) 감기가 다 나아요. / 집에서 푹 쉬는 게 좋습니다.

→ ______________________

3) 방학이 돼요. / 이 주일 더 있어야 합니다.

→ ______________________

4) 퇴근해요. / 지금부터 30분 더 있어야 해요.

→ ______________________

5) 기차가 서울역에 도착해요. / 네 시간쯤 걸려요.

→ ______________________

2. 보기 와 같이 대화를 완성하십시오.

> 보기 **가:** 공연을 보기 전에 화장실에 다녀오고 싶은데 갔다 올 시간이 될까요?
> **나:** 괜찮아요. 공연이 시작되려면 아직 10분 정도 남았어요.

1) 가: 포스터는 재미있어 보였는데 정말 재미없는 영화네. 얼마나 더 봐야 해?

나: ______________________ 아직 멀었어. 시작한 지 이제 20분밖에 안 됐잖아.

2) 가: 선생님, 제가 다음 주에 중요한 발표가 있는데 그때까지 쉰 목이 회복될 수 있을까요?

나: ______________________ 3일 정도 푹 쉬셔야 합니다.

3) 가: 영미는 미국에서 잘 지내고 있을까? 언제쯤 돌아온다고 했지?

나: 영미가 한국에 ______________________ 아직 두 달이나 더 있어야 돼.

4) 가: 식당이 ____________ 아직 1시간이나 남았는데 가게 앞에 왜 저렇게 기다리는 사람이 많지?

나: 요즘 인터넷에서 맛있는 식당으로 유명한 곳이어서 그런 것 같아.

5) 가: 혜영 씨는 요즘 어때요? 중요한 시험에 떨어졌다고 들었어요.

나: 아직 많이 힘들어하고 있어요. ______________________ 시간이 좀 걸릴 것 같아요.

7과 <1> 이미 매진됐을 거예요

어휘

1. 알맞은 단어를 골라서 (   ) 안에 쓰십시오.

일시	좌석	대단하다	매진되다	상영하다	그리

1) 유명한 선수가 나와서 그런지 농구 경기표가 금방 (   ).
2) 여기는 예약이 된 (   )이니까/니까 다른 곳에 앉으세요.
3) 출근 시간인데도 지하철에 사람들이 (   ) 많지 않았다.
4) 홈페이지에서 공연 (   )과/와 장소를 확인할 수 있다.
5) 퇴근 후에 영화를 보고 싶어서 요즘 (   )는/은/ㄴ 영화를 검색해 봤다.
6) 다음 달에 하는 올림픽에 대한 사람들의 관심이 (   ).

문법1 이라든가/라든가

1. 보기 와 같이 쓰십시오.

> 보기 여자 친구에게 반지 / 귀걸이 같은 액세서리를 사 주세요.
> → 여자 친구에게 반지라든가 귀걸이 같은 액세서리를 사 주세요.

1) 커피를 못 마시는 친구에게 녹차 / 홍차 같은 차를 선물해 주세요.

→ ____________________

2) 입맛이 없으신 어머니께 사과 / 포도 같은 과일을 사 드리는 게 어때요?

→ ____________________

3) 고향에서 친구들이 오면 불고기 / 비빔밥 같은 한식을 먹으러 갈 거예요.

→ ____________________

4) 운동을 좋아하는 동생에게 운동화 / 농구공 같은 스포츠 용품을 사 주려고 해요.

→ ____________________

5) 아이들은 인형 / 자동차 같은 장난감을 좋아할 거예요.

→ ____________________

2. 보기 와 같이 대화를 완성하십시오.

> 보기 **가:** 아침에 시간이 없어서 밥을 못 먹을 때가 많아.
> **나:** 빵이라든가 김밥 같은 간단한 음식이라도 꼭 챙겨서 먹어.

1) **가:** 목이 마른데 우리 뭐 좀 마실까요?

나: 좋아요. ______________________ 음료수를 마셔요.

2) **가:** 다음 주에 여행을 가는데 그 곳 날씨가 좀 춥다고 해요.

나: ______________________ 두꺼운 옷을 꼭 챙기세요.

3) **가:** 입맛이 없는데 뭘 먹지?

나: ______________________ 매운 음식은 어때?

4) **가:** 바다를 보고 싶어요. 어디로 여행을 가는 게 좋을까요?

나: ______________________

5) **가:** 친구가 곧 결혼을 하는데 무슨 선물을 하면 좋을까요?

나: ______________________

문법2 -었을/았을/였을 것이다

1. 알맞은 것을 골라서 보기 와 같이 쓰십시오.

시험을 잘 보다	식사도 못 하다
일찍 퇴근하다	이미 보다
모자라다	한국어를 배우지 않다

> 보기 리에 씨는 열심히 공부했으니까 시험을 잘 봤을 거예요.

1) 민수 씨는 일 때문에 바빠서 ______________________

2) 제임스 씨는 오늘 해야 할 일이 많지 않다고 했으니까 ______________________

3) 음식을 많이 만들지 않았으면 ______________________

4) 미나 씨는 공포 영화를 좋아해서 그 영화는 ______________________

5) 대학교에서 한국 친구를 만나지 않았으면 ______________________

2. 보기 와 같이 대화를 완성하십시오.

보기 **가:** 오늘 도서관이 문을 열었을까요?
나: 오늘은 공휴일이니까 문을 닫았을 거예요.

1) **가:** 케이 씨가 안 보이네요.
나: 고향에서 부모님이 오셔서 ____________________

2) **가:** 지금 웨이 씨에게 같이 저녁을 먹자고 연락해 볼까요?
나: 8시 반이니까 ____________________

3) **가:** 제임스 씨가 졸고 있어요.
나: 발표 준비 때문에 ____________________

4) **가:** 오후에 지호 씨에게 전화를 했는데 안 받던데요.
나: ____________________

5) **가:** 유리 씨는 학생 때부터 사귄 남자 친구와 결혼을 했겠지요?
나: ____________________

7과 <2> 이 뮤지컬은 인기가 많은가 봐요

어휘

1. 알맞은 단어를 골라서 (   ) 안에 쓰십시오.

감동　세계적　연기　주인공　알려지다　표현하다　훌륭하다

1) 김치는 여러 나라에 (   )는/은/ㄴ 유명한 한국 음식이다.
2) 배우 김현수 씨는 (   )도 잘하고 노래도 잘 불러서 인기가 많아요.
3) 마이라 씨의 바이올린 연주는 지금까지 들은 것 중에서 가장 (   ).
4) 영화의 마지막 장면에서 남녀 (   )이/가 함께 우는 장면은 아직도 잊을 수 없어요.
5) 죽은 주인을 기다리는 개의 이야기를 읽고 (   )을/를 받아서 울었어요.
6) 어렸을 때 책을 많이 읽어서 그런지 내 생각을 말로 (   )는/은/ㄴ 것이 별로 어렵지 않았다.
7) 꼭 성공해서 (   )으로/로 유명한 가수가 되는 게 제 꿈이에요.

문법1 -나/은가/ㄴ가 보다

1. 알맞은 것을 골라서 보기 와 같이 쓰십시오.

교통사고가 나다	시험 기간이다
늦게 일어나다	지금 자고 있다
많이 아프다	한국 노래를 많이 듣다

보기 요즘 집 근처 도서관에 사람이 많아요. 시험 기간인가 봐요.

1) 주앙 씨가 전화를 받지 않아요. ____________________
2) 출퇴근 시간도 아닌데 차가 많이 막혀요. ____________________
3) 날마다 일찍 오던 유키 씨가 오늘 늦었어요. ____________________
4) 노라 씨는 모르는 한국 노래가 없어요. ____________________
5) 우진 씨가 며칠 동안 회사에 나오지 못하고 있어요. ____________________

2. 보기 와 같이 대화를 완성하십시오.

> 보기 **가:** 아직 수업이 끝나려면 10분 더 있어야 하는데 밖이 왜 이렇게 시끄럽지요?
> **나:** 수업이 일찍 끝났나 봐요.

1) **가:** 여기는 한국 사람들보다 외국 사람들이 더 많은 것 같아요.

나: 여기가 ______________________________

2) **가:** 요즘 에릭 씨와 만나기가 힘들어요. 연락도 잘 안 되고요.

나: 회사 일 때문에 많이 ______________________________

3) **가:** '바다로 가는 기차'라는 영화를 벌써 500만 명이나 봤대요.

나: 그래요? ______________________________

4) **가:** 술을 한 잔밖에 안 마셨는데 영수 씨 얼굴이 빨개졌어요.

나: ______________________________

5) **가:** 사람들이 엘리베이터를 타지 않고 다 계단으로 올라가네요.

나: ______________________________

문법2 -는다고/ㄴ다고/다고 생각하다

1. 보기 와 같이 쓰십시오.

> 보기 아이에게는 어머니의 사랑이 제일 필요합니다.
> → 아이에게는 어머니의 사랑이 제일 필요하다고 생각합니다.

1) 앞으로 채소값이 더 떨어질 겁니다.

→ ______________________________

2) 사회생활과 학교생활은 많이 다릅니다.

→ ______________________________

3) 무슨 일이든지 최선을 다해야 합니다.

→ ______________________________

4) 세계 경제가 점점 좋아지고 있습니다.

→ ______________________________

5) 한국 친구들을 사귀는 것이 한국어를 빨리 배우는 방법입니다.

→ ______________________________

2. 보기 **와 같이 대화를 완성하십시오.**

> 보기 **가:** 시험을 꼭 봐야 한다고 생각합니까?
> **나:** 네, 시험을 보면 실력을 더 키울 수 있다고 생각합니다.

1) 가: 지하철이나 버스 안에서 휴대 전화를 사용하는 것에 대해 어떻게 생각하세요?

나: 여러 사람들이 같이 타고 있기 때문에 ______________________________

2) 가: 모든 사람들이 꼭 대학에 가야 한다고 생각합니까?

나: 자신이 하고 싶은 일에 필요하지 않다면 ______________________________

3) 가: 점점 심해지는 환경 문제에 대해서 어떻게 생각하십니까?

나: 세계의 모든 사람들이 ______________________________

4) 가: 행복하게 살기 위해서는 무엇이 필요하다고 생각합니까?

나: 행복하게 살기 위해서는 ______________________________

5) 가: 결혼을 꼭 해야 한다고 생각합니까?

나: ______________________________

8과 <1> 어머니께서 식사 시간을 지키게 하셨어요

어휘

1. 알맞은 단어를 골라서 (　　　) 안에 쓰십시오.

규칙적　기운　습관　식욕　불규칙하다　대충　뜻대로

1) 요즘 걱정이 많아서 그런지 (　　　　　　)이/가 없어요.
2) 시간이 없어서 오늘 아침에는 신문을 (　　　　　　) 봤어요.
3) 일어나고 자는 시간이 (　　　　　　)어서/아서/여서 더 피곤한 것 같아요.
4) 음식을 빨리 먹고 과식을 하는 (　　　　　　)은/는 건강에 안 좋아요.
5) 시험을 잘 보려고 준비를 많이 했는데 (　　　　　　) 안 됐어요.
6) 아침에 식사를 안 하면 (　　　　　　)이/가 없어서 일을 잘할 수 없어요.
7) 제임스 씨는 (　　　　　　)인 사람이어서 항상 같은 시간에 식사를 해요.

문법1 -는 대신에

1. 보기 와 같이 쓰십시오.

보기 제가 숙제를 도와줘요. / 친구가 청소를 도와줬어요.
→ 제가 숙제를 도와주는 대신에 친구가 청소를 도와줬어요.

1) 동생이 요리를 해요. / 저는 설거지를 해요.

→ ______________________________

2) 친구가 영화표를 사요. / 저는 저녁을 샀어요.

→ ______________________________

3) 리나 씨가 책을 빌려 줘요. / 슈테판 씨는 커피를 사 줄 거예요.

→ ______________________________

4) 우리는 공연을 봐요. / 전시회에 가기로 했어요.

→ ______________________________

5) 유키 씨는 전화를 걸어요. / 문자 메시지를 보냈어요.

→ ______________________________

2. 보기 와 같이 대화를 완성하십시오.

> 보기 **리나:** 우리 같이 점심을 먹어요. 제가 점심을 살게요.
> **정우:** 좋아요. 리나 씨가 점심을 사는 대신에 저는 커피를 살게요.

1) **정우:** 우리 같이 전시회에 갈래요? 제가 예매를 할게요.
리나: 좋아요. ______________________ 저는 저녁을 살게요.

2) **영철:** 사진기를 빌려 달라고 했지요? 여기 있어요.
미영: 고마워요. ______________________ 제가 맛있는 과자를 만들어 드릴게요.

3) **유코:** 링링 씨, 친구한테서 한국말을 배워요?
링링: 네, ______________________ 저는 중국말을 가르쳐 줘요.

4) **설희:** 미나 씨, 요즘은 컴퓨터 게임을 안 하세요?
미나: 네, ______________________ 책을 읽으려고 해요.

5) **수지:** 민철 씨, 요즘은 술을 안 마시는군요.
민철: 네, 요즘은 친구들과 ______________________

문법2 -게 하다

1. 어머니가 아이에게 어떻게 하게 합니까? 보기 와 같이 쓰십시오.

잠옷을 입고 자라	친구하고 같이 놀아라
게임을 하지 마라	교과서를 잘 챙겨라
가까이에서 보지 마라	음식을 골고루 먹어라

> 보기 잘 때 잠옷을 입고 자게 해요.

1) 놀 때 ______________________

2) 식사할 때 ______________________

3) 학교에 갈 때 ______________________

4) 컴퓨터를 할 때 ______________________

5) 텔레비전을 볼 때 ______________________

2. 보기 와 같이 대화를 완성하십시오.

> 보기 **가:** 선생님께서 학생들에게 교실에서 뭘 못 하게 하셨어요?
> **나:** 교실에서 음식을 못 먹게 하셨어요.

1) **가:** 왜 화가 났어요?

나: 친구하고 만나기로 했는데 1시간이나 ______________________ 어서/아서/여서 화가 났어요.

2) **가:** 비행기 안에서 뭘 못 하게 해요?

나: ____

3) **가:** 이 건물 안에서 담배를 피우면 안 돼요?

나: 네, 금연 건물이어서 실내에서는 ______________________________

4) **가:** 오늘은 왜 커피를 안 드세요?

나: 의사 선생님께서 ____________________________________

5) **가:** 몇 살 때부터 혼자 잤어요?

나: 모르겠어요. 부모님께서 아주 어렸을 때부터 ______________________

8과 <2> 운동하니까 좋던데 이튼 씨도 해 보세요

어휘

1. 알맞은 단어를 골라서 (　　　) 안에 쓰십시오.

안색	영양제	시간을 내다	밤늦게	적당히	정신없이

1) 이번 모임에는 못 가요. 요즘 회사 일이 너무 많아서 (　　　　　　)기가 힘드네요.
2) 요즘 퇴근 후에 중국어 학원에 다니고 있어서 날마다 (　　　　　　) 집에 와요.
3) 시험공부도 해야 하고 발표 준비도 해야 해서 요즘 (　　　　　　) 바빠요.
4) 에니 씨, 어디 아파요? (　　　　　　)이/가 많이 안 좋아 보여요.
5) (　　　　　　) 먹어야 하는데 늦은 시간에 과식을 할 때가 많아서 걱정이에요.
6) 어제 텔레비전에서 봤는데 젊었을 때부터 좋은 (　　　　　　)을/를 열심히 챙겨서 먹으래요.

문법1 -으면서도/면서도

1. 다음을 연결하고 보기 와 같이 쓰십시오.

보기 운동해야 하는 줄 안다. •	• 날마다 늦게 일어났어요.
1) 담배가 건강에 안 좋은 줄 안다. •	• 맛있어서 자꾸 먹게 돼요.
2) 일찍 일어나야 하는 줄 안다. •	• 모른다고 말했어요.
3) 기름이 많은 음식인 줄 안다. •	• 잘 봤다고 했어요.
4) 이리나 씨를 안다. •	• 계속 담배를 피워요.
5) 시험을 못 봤다. •	• 하지 않았어요.

보기 운동해야 하는 줄 알면서도 하지 않았어요.

1) ______________________________

2) ______________________________

3) ______________________________

4) ______________________________

5) ______________________________

2. 보기 와 같이 대화를 완성하십시오.

보기 **가:** 아니타 씨, 우나 씨하고 싸웠어요?
나: 네, 친구하고 싸우면 안 되는 줄 알면서도 화가 나서 참지 못했어요.

1) **가:** 이 책하고 정리한 내용만 보면 발표 준비를 잘 할 수 있을 거예요.
나: 토니 씨, ______________________ 자꾸 부탁해서 미안해요.

2) **가:** 지나 씨, 숙제는 날마다 하는 게 제일 좋아요.
나: ______________________ 안 하게 돼요.

3) **가:** 오늘도 냉동식품을 드시는 거예요?
나: 건강에 ______________________ 간편해서 자주 먹게 돼요.

4) **가:** 패티 씨, 요즘 그 점퍼를 자주 입네요.
나: 네, ______________________

5) **가:** 행복 식당은 음식값이 비싼데 항상 사람이 많은 것 같아요.
나: ______________________

문법2 -던데

1. 보기 와 같이 쓰십시오.

보기 나는 오늘부터 세일하는 것을 봤다.
→ 오늘부터 세일을 하던데 백화점에 가 보세요.

1) 나는 앞 건물에 헬스클럽이 생긴 걸 봤다.
→ 케빈 씨, ______________________ 같이 다닐래요?

2) 나는 그 영화를 봤는데 재미없었다.
→ ______________________ 다른 영화를 보세요.

3) 나는 학교에서 한국 영화를 상영한다는 안내를 봤다.
→ ______________________ 오늘 우리 영화를 볼까요?

4) 나는 식당에 있는 에어컨이 고장 난 것을 봤다.
→ ______________________ 빨리 고쳐 달라고 하세요.

5) 나는 지나 씨가 장미를 보고 좋아하는 것을 봤다.
→ ______________________ 꽃다발을 선물하는 건 어때요?

2. 보기 와 같이 대화를 완성하십시오.

보기 **가:** 여자 친구하고 한강 공원에 가기로 했는데 뭘 하면 좋을까요?
나: 커플 자전거를 빌려 주던데 한번 타 보세요.

1) **가:** 오늘 도서관에서 책을 빌려야 하는데 학생증을 안 가지고 왔어요.
나: 조금 전에 마라 씨가 ______________________ 빨리 전화해 보세요.

2) **가:** 독일에서 온 친구하고 서울 구경을 하기로 했어요. 어디에 가면 좋을까요?
나: ______________________ 한강 공원에 가 보세요.

3) **가:** 친구 생일인데 무슨 선물을 할까?
나: ______________________ 친구한테 상품권을 선물하는 건 어때?

4) **가:** 모임 장소를 결정하지 못했어요. 어디에서 저녁을 먹는 게 좋을까요?
나: ______________________

5) **가:** 친구하고 영화를 보기로 했는데 뭘 보면 좋을까요?
나: ______________________

9과 <1> 선반 위에 올려놓고서 그냥 내렸어요

어휘

1. 알맞은 단어를 골라서 (　　　) 안에 쓰십시오.

선반　역무실　큰일　어떡하다　급히　다행히

1) 설거지를 한 컵과 접시는 부엌 (　　　　　　) 위에 올려놓으세요.
2) 지하철 안에 책을 두고 내려서 (　　　　　　)에 연락했어요.
3) 사거리에서 사고가 났는데 (　　　　　　) 다친 사람은 없는 것 같아요.
4) 어제 계단을 (　　　　　　) 내려오다가 넘어졌어요.
5) 노트북이 고장났어요. 해야 할 일이 남았는데 (　　　　　　)?
6) 병원에 조금만 늦게 도착했으면 (　　　　　　) 날 뻔했어요.

문법1 **-고서**

1. 보기 와 같이 쓰십시오.

보기 신발을 신어요. / 방에 들어가면 안 돼요.
→ 신발을 신고서 방에 들어가면 안 돼요.

1) 음식을 골라요. / 직원을 부르세요.

→ ______________________________

2) 냄비에 재료를 넣어요. / 5분 동안 끓이세요.

→ ______________________________

3) 서명을 해요. / 신청서를 내세요.

→ ______________________________

4) 먼저 고기를 볶아요. / 채소를 넣었어요.

→ ______________________________

5) 공연 일시를 선택해요. / 결제를 하면 돼요.

→ ______________________________

2. 보기 와 같이 대화를 완성하십시오.

> 보기 가: 보통 언제 커피를 드세요?
> 나: 점심을 먹고서 커피를 마셔요.

1) 가: 언제 유학을 갈 거예요?
   나: ______________________ 유학을 가려고 해요.

2) 가: 비빔밥은 어떻게 먹는 거예요?
   나: 그릇에 재료와 고추장을 ______________________

3) 가: 오늘은 날씨가 추울 것 같아요.
   나: 감기에 걸리면 안 되니까 ______________________

4) 가: 취업 상담을 받고 싶은데 어떻게 해야 돼요?
   나: ______________________

5) 가: 자동판매기는 어떻게 이용해요?
   나: ______________________

문법2 -을/ㄹ 뻔하다

1. 보기 와 같이 쓰십시오.

> 보기 달력을 안 봤으면 약속을 잊어버릴 뻔했어요. (잊어버리다)

1) 아침에 늦게 일어나서 ______________________ (지각하다)
2) 앞을 제대로 보지 않고 운전을 하다가 사고가 ______________________ (나다)
3) 운동을 하다가 넘어져서 발목을 ______________________ (삐다)
4) 채소를 썰다가 손을 ______________________ (다치다)
5) 친구가 챙겨주지 않았으면 카메라를 ______________________ (잃어버리다)

2. 보기 와 같이 대화를 완성하십시오.

보기 가: 리에 씨 생일은 잘 챙겨 줬어요?
나: 네, 친구가 이야기해 주지 않았으면 생일을 잊어버릴 뻔했어요.

1) 가: 어제 모임에 오래간만에 유민 씨가 나왔다면서요?

나: 네, 어제 모임에 안 갔으면 ____________________

2) 가: 민수 씨, 병원에 입원했다는 이야기를 듣고 놀랐어요. 이제 괜찮아요?

나: 네, 배가 많이 아팠는데 조금만 더 늦게 병원에 갔으면 ____________________

3) 가: 어제 한국 친구는 잘 만났어요?

나: 네, 그런데 제가 약속 장소를 잘못 알아서 ____________________

4) 가: 아까 책을 넣은 상자는 잘 옮겼어요? 무거웠지요?

나: 네, 너무 무거워서 ____________________

5) 가: 아침 회의에는 늦지 않았어요?

나: 네, 뛰지 않았으면 ____________________

9과 <2> 오늘 맡기시면 2~3일 정도 걸린다고 합니다

어휘

1. 알맞은 단어를 골라서 (   ) 안에 쓰십시오.

수리   화면   맡기다   번거롭다   보이다

1) 하얀 스웨터에 얼룩이 생겨서 집 근처 세탁소에 (   ).
2) 다음 달에 이사를 갈 집은 오래되어서 (   )을/를 할 곳이 많아요.
3) 이 노트북은 가볍지만 (   )이/가 작아서 인터넷 기사를 읽는 게 힘들어요.
4) 잃어버린 신분증을 다시 신청하는 일은 아주 (   ).
5) 제주도에서 찍은 사진을 (   )어/아/여 드릴까요? 경치가 정말 아름다웠어요.

문법 1 사동

1. 보기 와 같이 쓰십시오.

보기 아기가 우유를 먹어요. → 어머니가 아이에게 우유를 먹여요.

1) 동생이 울어요. → 형이 ______________________
2) 택시가 서요. → 유키 씨가 ______________________
3) 김치찌개가 끓어요. → 언니가 ______________________
4) 아이가 의자에 앉아요. → 할머니가 ______________________
5) 친구들이 웃어요. → 리타오 씨가 ______________________

2. 보기 와 같이 대화를 완성하십시오.

보기 **가:** 왜 이렇게 조금 먹었어? 음식이 맛이 없어?
나: 아니요, 배가 불러서 남겼어요.

1) **가:** 조금 전까지 시끄럽게 울던 아기가 이제는 자고 있네요.
나: 네, 아기 엄마가 와서 아기를 ______________________ (자다)

2) **가:** 가수 민아와 수현이 사귄다는 이야기는 어디에서 들었어요?
나: 가수 민아의 회사에서 일하는 제 친구가 저에게 ______________ 어/아/여 줬어요. (알다)

3) 가: 영재 씨가 교통사고로 죽을 뻔했다는 게 사실이에요?

나: 네, 빨리 병원에 가지 않았으면 의사도 ______________________ 지 못했을 거예요. (살다)

4) 가: 어제 뉴스에서 봤는데 요즘 다른 사람의 개인 정보를 팔아서 돈을 버는 사람들이 많아졌대.

나: 응, 은행에서 전화하는 것처럼 사람들을 ____________ 어서/아서/여서 개인 정보를 얻는대. (속다)

5) 가: 버스에서 친구와 이야기하는 건 좋지만 좀 조용히 이야기했으면 좋겠어.

나: 조금만 목소리를 __________________________ 어/아/여 달라고 이야기해 볼까? (낮다)

문법2 -으니까/니까[2]

1. 보기 와 같이 쓰십시오.

보기 일어났어요. / 10시였어요.
→ 일어나니까 10시였어요.

1) 창밖을 봤어요. / 비가 오고 있었어요.

→ ______________________________

2) 지갑을 열어 봤어요. / 돈이 없었어요.

→ ______________________________

3) 백화점에 갔어요. / 세일을 하고 있었어요.

→ ______________________________

4) 교실에 들어갔어요. / 친구들이 모두 공부하고 있었어요.

→ ______________________________

5) 좋아하는 가수의 노래를 직접 들었어요. / 정말 감동적이었어요.

→ ______________________________

2. 보기 와 같이 대화를 완성하십시오.

> 보기 **가:** 어제 백화점에서 산 옷은 왜 안 입고 왔어?
> **나:** 집에 가서 입어 보니까 작아서 교환해야 할 것 같아.

1) **가:** '남자친구들' 콘서트에 갔다 왔다면서? 어땠어?

나: 가까운 자리에서 봤는데 ______________________ 텔레비전에서 보는 것보다 더 멋있었어.

2) **가:** 지난주에 고향에 다녀오셨지요? 어땠어요?

나: 오랜만에 ______________________ 가족들과 친구들이 모두 반가워했어요.

3) **가:** 어제 편의점 아르바이트를 시작했지? 어땠어?

나: 쉬울 거라고 생각했는데 ______________________ 생각보다 힘들었어.

4) **가:** 이번에 새로 나온 휴대 전화를 사용해 봤어?

나: 응, ______________________

5) **가:** 닭갈비를 처음 먹지요? 맛이 어때요?

나: ______________________

10과 <1> 그만 하늘 씨한테 보내고 말았어요

어휘

1. **알맞은 단어를 골라서 (   ) 안에 쓰십시오.**

속마음	표정	감추다	나타나다	들키다	부끄러워하다	그만	하긴

1) 누구나 (   )고 싶은 비밀이 있을 거예요.

2) 몸에 이상한 증상이 (   )으면/면 바로 병원으로 오세요.

3) 저는 가족한테도 제 (   )을/를 말하지 않을 때가 있어요.

4) 미선 씨는 항상 (   )이/가 밝아서 걱정이 없는 줄 알았어요.

5) 학교에 늦어서 서두르다가 (   ) 지갑을 안 가지고 나왔어요.

6) 언니가 집에 있는 걸 모르고 언니 일기를 읽다가 언니한테 (   ).

7) 제 동생은 낯을 많이 가려서 사람을 처음 만나면 말을 못하고 (   ).

8) 어머니는 내가 정우 씨랑 결혼하면 좋겠다고 하신다. (   ) 정우 씨 정도면 괜찮은 남자다.

문법1 -는다는/ㄴ다는 것이

1. **다음을 연결하고 보기 와 같이 쓰십시오.**

보기 국에 소금을 넣어요. ●	● 제 책을 줬어요.
1) 서류에 동생 이름을 써요. ●	● 아침까지 잤어요.
2) 친구 집에 전화해요. ●	● 설탕을 넣었어요.
3) 30분만 자고 일어나요. ●	● 제 이름을 썼어요.
4) 친구에게 빌린 책을 돌려줘요. ●	● 회사에 전화를 했어요.
5) 시청으로 가는 지하철을 타요. ●	● 다른 쪽으로 가는 걸 탔어요.

보기 국에 소금을 넣는다는 것이 설탕을 넣었어요.

1) ____________________

2) ____________________

3) ____________________

4) ____________________

5) ____________________

2. 보기 와 같이 대화를 완성하십시오.

> 보기 **가:** 왜 숙제를 안 했어?
> **나:** 어제 너무 피곤해서 숙제를 한다는 것이 그만 자고 말았어.

1) **가:** 명동은 가까운데 왜 이렇게 늦었어요?

나: 미안해요. ______________________ 강남으로 가는 버스를 탔어요.

2) **가:** 어제 빌려 드린 우산을 가지고 오셨어요?

나: 미안해요. 민우 씨 우산을 ______________________ 제 우산을 가지고 왔어요.

3) **가:** 왜 가게에 다시 갔어요?

나: 돈을 잘못 냈어요. ______________________

4) **가:** 국을 왜 버리세요?

나: ______________________ 설탕을 넣어서 맛이 이상해졌어요.

5) **가:** 왜 그렇게 전화를 빨리 끊으세요?

나: ______________________ 모르는 사람에게 잘못 걸었어요.

문법2 -고 말다

1. 보기 와 같이 쓰십시오.

넘어지다	떨어뜨리다
깜빡 잊다	술을 또 마시다
실수를 하다	회사에 지각하다

> 보기 휴대폰을 들고 있다가 떨어뜨리고 말았어요.

1) 슬리퍼를 신고 뛰다가 ______________________

2) 식사 예절을 몰라서 ______________________

3) 너무 바빠서 중요한 약속을 ______________________

4) 아침에 늦게 일어나서 ______________________

5) 술을 끊으려고 했는데 친구들을 만나서 ______________________

2. 보기 와 같이 대화를 완성하십시오.

보기 가: 어제 밤에 시험공부를 많이 했어요?
나: 아니요, 밤새 공부하려고 했는데 잠이 들고 말았어요.

1) 가: 친구의 비밀을 말하면 어떡해요.
나: 재미있게 이야기하다가 실수로 ______________________ 어떻게 하지요?

2) 가: 담배를 끊은 게 아니었어요?
나: 일주일동안 안 피웠는데 못 참고 ______________________

3) 가: 아직 어린 아이에게 그렇게 화를 내면 어떡해요?
나: 참으려고 했는데 너무 화가 나서 저도 모르게 그만 ______________________

4) 가: 너무 과식한 거 아니에요?
나: 적게 먹으려고 했는데 맛있어서 그만 ______________________

5) 가: 어떻게 하다가 다리를 다쳤어요?
나: 회사에 늦어서 급하게 뛰어가다가 ______________________

10과 <2> 제가 리나 씨를 좀 놀렸거든요

어휘

1. 알맞은 단어를 골라서 (　　) 안에 쓰십시오.

장난　기분이 상하다　놀리다　말을 걸다　사과하다　진심을 알아주다

1) 제 말은 듣지 않고 하고 싶은 말만 계속 하는 친구 때문에 (　　　　　　　　).
2) 편지를 써 보세요. 마음을 표현하면 챈 씨가 매튜 씨의 (　　　　　　　　)을/ㄹ 거예요.
3) 학교에 간 첫 날 제일 처음으로 저에게 (　　　　　　)는/은/ㄴ 사람이 바로 제 남자 친구였어요.
4) 제가 아이스크림 먹는 모습을 보고 친구가 어린 아이 같다고 (　　　　　　).
5) 쉬는 시간에 반 친구하고 (　　　　　　)을/를 하다가 계단에서 넘어졌어요.
6) 싸워서 말도 안 하는 친구한테 제가 먼저 미안하다고 (　　　　　　　　).

문법2 -거든요

1. 알맞은 것을 골라서 보기 와 같이 쓰십시오.

날씨가 춥다	노래를 잘하다
시설이 좋다	아르바이트를 해야 하다
시간이 별로 없다	집에 먹을 게 하나도 없다

보기 옷을 더 따뜻하게 입으세요. 오늘은 날씨가 춥거든요.

1) 마트에 좀 가야겠어요. ______________________
2) 이튼 씨, 우리 빨리 출발해야 돼요. ______________________
3) 저는 같이 모임에 갈 수가 없어요. ______________________
4) 저는 가수 고우가 정말 좋아요. ______________________
5) 제가 다니는 헬스클럽에 등록하세요. ______________________

2. 보기 와 같이 대화를 완성하십시오.

> 보기 가: 안색이 안 좋아 보여요. 어디 아파요?
> 나: 몸살감기에 걸렸어요. 어제 옷을 얇게 입고 나갔거든요.

1) 가: 행복 식당에 자주 가시나 봐요.

나: 네, 자주 가는 편이에요. ______________________

2) 가: 요즘 갑자기 왜 그렇게 열심히 운동을 하세요?

나: 건강 관리를 좀 해 보려고요. ______________________

3) 가: 무슨 일 있어요? 주디 씨? 기분이 좋아 보여요.

나: 네, ______________________

4) 가: 인스턴트식품을 자주 드시는 것 같아요.

나: 네, ______________________

5) 가: 레오 씨, 이번 주말에 하는 반 모임에 못 오세요?

나: 네, ______________________

문법2 -을까/ㄹ까 봐

1. 보기 와 같이 쓰십시오.

> 보기 오후에 비가 올 것 같다.
> → 오후에 비가 올까 봐 우산을 가지고 왔어요.

1) 오늘은 점심 먹을 시간이 없을지도 모른다.

→ ______________________ 김밥을 사 가지고 왔어요.

2) 네가 약속을 잊어버렸을 것 같다.

→ ______________________ 연락했어. 이따가 만나자.

3) 이튼 씨가 기분 나빠할지도 모른다.

→ ______________________ 아직 말하지 않았어요.

4) 살이 찔 것 같다.

→ ______________________ 초콜릿 같은 단 음식을 안 먹는 거예요.

5) 노라 씨 집을 못 찾아갈지도 모른다.

→ ______________________ 미나 씨하고 만나서 같이 가기로 했어요.

2. 보기 와 같이 대화를 완성하십시오.

보기 **가:** 왜 이렇게 일찍 오셨어요?
나: 길이 막힐까 봐 집에서 일찍 출발했어요.

1) **가:** 부모님께는 말씀을 드렸어요?

나: 아니요, ______________________ 아직 말씀드리지 않았어요.

2) **가:** 유나 씨가 빌려준 공책을 잃어버렸다고 말했어요?

나: 유나 씨가 ______________________ 아직 말하지 못했어요.

3) **가:** 왜 뛰어오시는 거예요?

나: ______________________ 뛰어왔지요.

4) **가:** 미나 씨, 반 친구들의 생일을 왜 공책에 써 놓았어요?

나: ______________________

5) **가:** 무슨 음식을 이렇게 많이 주문했어요?

나: ______________________

모범 답안(교재)

1-1 힘들기는요

☆ 어휘

1) 입학식을 2) 새내기 3) 재학생들은 4) 성적을
5) 장학금을 6) 강의를

☆ 문법1

1) 유정: 흐엉 씨, 중국말을 잘하세요?
흐엉: 잘하기는요. 배운 지 한 달밖에 안 됐어요.
2) 유정: 흐엉 씨는 기타도 잘 치는군요.
흐엉: 잘 치기는요. 쉬운 노래만 조금 칠 수 있어요.
3) 유정: 흐엉 씨, 운동을 자주 하세요?
흐엉: 자주 하기는요. 시간이 있을 때 가끔 해요.
4) 유정: 흐엉 씨가 이 그림을 그렸어요?
흐엉: 제가 그리기는요. 친구한테서 선물로 받았어요.
5) 유정: 흐엉 씨가 이 음식들을 모두 만들었어요?
흐엉: 제가 만들기는요. 근처 베트남 식당에서 배달시켰어요.

☆ 문법2

1) 올리비아: 일찍 잘 뿐이에요.
2) 에릭: 잘 씻을 뿐이에요.
3) 주앙: 며칠 담배를 안 피웠을 뿐이에요.
4) 레오: 채소를 많이 먹을 뿐이에요.
5) 노라: 즐거운 생각을 많이 할 뿐이에요.

☆ 연습해 봅시다

1) 친구: 한국 음식을 잘 만드세요?
안나: 잘 만들기는요. 김치찌개만 만들 수 있을 뿐이에요.
2) 친구: 한국에서 여행을 많이 하셨어요?
안나: 많이 하기는요. 유명한 관광지만 몇 곳 갔을 뿐이에요.

1-2 일이 좀 많은 편입니다

☆ 어휘

1) 생년월일 2) 성별 3) 학력 4) 특기 5) 자기소개
6) 도전하는 7) 합격하

☆ 문법1

1) 가: 마이클 씨는 왜 한국말을 배우세요?
나: 한국 회사에 들어가기 위해서 한국말을 배워요.
2) 가: 마이클 씨는 왜 열심히 돈을 모으세요?
나: 대학원에 가기 위해서 열심히 돈을 모아요.
3) 가: 마이클 씨는 왜 주말에도 일을 하세요?
나: 학비를 모으기 위해서 주말에도 일을 해요.
4) 가: 마이클 씨는 왜 언어 교환을 하세요?
나: 한국 친구를 사귀기 위해서 언어 교환을 해요.
5) 가: 마이클 씨는 왜 날마다 운동을 하세요?
나: 건강을 위해서 날마다 운동을 해요.

☆ 문법2

1) 노라 씨는 주디 씨를 자주 만나는 편이에요.
2) 노라 씨는 모임이 많은 편이네요.
3) 노라 씨는 노래방에 자주 가는 편이에요.
4) 노라 씨는 영화를 자주 보는 편이에요.
5) 노라 씨는 엄마하고 전화를 많이 하는 편이네요.

☆ 연습해 봅시다

1) 가: 저는 다음 시험을 잘 보기 위해서 요즘 날마다 열심히 공부하고 있어요. 지난번 시험에서 70점을 받아서요. 너무 못 봤어요.
나: 그 정도면 잘 본 편이에요. 걱정하지 말고 열심히 공부하세요.
2) 가: 저는 방학에 해외여행을 가기 위해서 아르바이트를 하고 있어요. 돈을 많이 모아야 하는데 80만 원밖에 못 모았어요.
나: 그 정도면 많이 모은 편이지요. 계속 아르바이트를 하면 다음 방학에 갈 수 있겠는데요?

◆ 복습

1. 1) 입사한 2) 전문가들이 3) 합격했다는 4) 정보
5) 뛰어난 6) 긴장되 7) 궁금한
8) 최선을

2. 1) 환영하기 위해서 2) 감사할 뿐입니다 3) 바쁘기는요
4) 잘 마시는 편입니다

2-1 지금 잠깐 쉬려던 참이었어요

☆ 어휘

1) 진학 2) 취업 3) 면담한다 4) 전화 상담을
5) 온라인 상담을

☆ 문법1

1) 가: 지금 편의점에 갈 건데 같이 갈 사람이 있어요?
나: 저도 지금 음료수 좀 사러 가려던 참이었어요. 같이 가요.
2) 가: 오후에 책을 빌리러 도서관에 가려고 하는데 누가 같이 갈래요?
나: 저랑 같이 가요. 저도 도서관에 가려던 참이었어요.
3) 가: 심심한데 오늘 저녁에 영화를 보러 갈래요?
나: 좋아요. 저도 영화를 보려던 참이었어요. 같이 봅시다.
4) 가: 수업이 끝나고 중국집에 갈까 하는데 같이 갈래요?
나: 좋아요. 저도 오늘은 중국 음식을 먹으려던 참이었어요.
5) 가: 미선 씨가 아직 안 왔는데 우리 연락해 볼까요?
나: 그렇지 않아도 제가 지금 미선 씨에게 문자 메시지를 보내려던 참이었어요.

☆ 문법2

1) 냄새가 안 나는 화장실을 원하세요? 벽에 걸기만 하세요.
2) 부드러운 손을 원하세요? 이제 끼기만 하세요.
3) 예쁜 얼굴을 원하세요? 바르기만 하면 돼요.
4) 건강한 몸을 원하세요? 집에서 입기만 하세요.
5) 항상 깨끗한 옷을 원하세요? 옷에 뿌리기만 하세요. 나쁜 냄새가 없어져요.

☆ 연습해 봅시다

1) 친구: 미나야, 내일이 시험인데 그렇게 놀기만 해도 돼?
미나: 걱정하지 마, 그렇지 않아도 지금 공부를 시작하려던 참이었어.
2) 친구: 헨리야, 그렇게 인터넷 검색만 하지 말고 직접 가 보는 게 어때?
헨리: 그렇지 않아도 집을 직접 보러 가려던 참이었어.

2-2 학교생활을 즐기려면 동아리에 가입해야지

☆ 어휘
1) 합창 2) 발표회를 3) 회장 4) 회원을 5) 들
6) 국악 7) 연주회

☆ 문법1
1) 어머니: 불은 왜 안 껐니?
아들: 불을 끄는 걸 잊어버렸어요.
어머니: 나갈 때는 잊지 말고 불을 꺼야지.
2) 어머니: 창문은 왜 안 닫고 나갔니?
아들: 방이 더워서 열었는데 잊어버리고 안 닫았어요.
어머니: 밖에 나갈 때는 창문을 닫아야지.
3) 어머니: 이 음료수는 왜 책상 위에 있니?
아들: 아침에 먹었는데 시간이 없어서 정리하지 못했어요.
어머니: 음료수가 남았으면 냉장고에 넣어야지.
4) 어머니: 이 옷들은 왜 옷장에 걸지 않고 침대 위에 놓았어?
아들: 어제 입었던 옷인데 정리를 못했어요.
어머니: 입었던 옷은 옷장에 걸어야지.
5) 어머니: 책과 가방은 왜 정리를 안 했어?
아들: 오늘 학교에 다녀와서 하려고 했어요.
어머니: 사용한 물건들은 바로 정리해야지.

☆ 문법2
1) 윤아: 모자는 작은 검은색 모자가 좋을까, 큰 갈색 모자가 좋을까?
친구: 큰 모자가 좋겠어. 모자가 크면 얼굴이 작아 보여.
2) 윤아: 원피스는 노란색 꽃무늬가 좋을까, 검은색이 좋을까?
친구: 검은색 원피스가 좋겠어. 검은색을 입으면 날씬해 보여.
3) 윤아: 선글라스는 작은 선글라스가 좋을까, 큰 선글라스가 좋을까?
친구: 큰 선글라스가 좋겠어. 얼굴이 작아 보일 거야.
4) 윤아: 가방은 작은 핸드백이 좋을까, 조금 큰 핸드백이 좋을까?
친구: 작은 가방이 더 가벼워 보여서 좋을 것 같아.
5) 윤아: 신발은 낮은 신발이 좋을까, 좀 높은 신발이 좋을까?
친구: 낮은 신발이 편하겠지만 높은 신발을 신으면 다리가 길어 보일 것 같아.

☆ 연습해 봅시다
1) 친구: 매트, 오늘 정말 멋있어 보인다.
매트: 고마워. 친구 결혼식이 있어서 평소와 다르게 입어 봤어.
친구: 결혼식에 갈 거야? 결혼식에 갈 때는 양복을 입어야지.
2) 친구: 메이린, 오늘 좀 많이 아파 보인다. 약을 안 먹었어?
메이린: 약을 먹었지만 열이 내리지 않아.
친구: 그럼 병원에 가야지.

◆ 복습
1. 1) 활동하는 2) 연주회 3) 회원 4) 각자 5) 들
6) 일정표를 7) 발표회 8) 이용할 9) 가능하
2. 1) 먹기만 해서 2) 운동을 해야지 3) 물어보려던 참이었어
4) 건강해 보인다는

3-1 익숙해서 그런지 아파트가 좋아요

☆ 어휘
1) 자연환경이 2) 편의 시설이 3) 편리하다 4) 어둡다
5) 교육 환경이 6) 환하다 7) 고층 8) 전망이

☆ 문법1
1) 에릭: 저는 사장이 되고 싶어요.
제가 사장이 된다면 회사 안에 무료 직원 식당을 만들 거예요.
2) 노라: 저는 다시 태어나고 싶어요.
다시 태어난다면 잘생긴 남자가 되고 싶어요.
3) 리타오: 저는 미래에 가 보고 싶어요.
미래로 간다면 미래의 여자 친구를 만나고 싶어요.
4) 올리비아: 저는 젊어지는 약을 만들고 싶어요.
젊어지는 약이 있다면 20살로 돌아가겠어요.
5) 레오: 저는 한 달 동안 휴가를 받고 싶어요.
휴가를 받는다면 온천에서 한 달 동안 쉴 거예요.

☆ 문법2
1) 날씨가 추워서 그런지 놀이공원에 사람이 별로 없어요.
2) 평일이어서 그런지 데이트하는 사람들도 별로 없네요.
3) 놀이공원 이름이 '파란나라'여서 그런지 파란색 물건을 많이 파네요.
4) 점원이 잘생겨서 그런지 저 가게에는 손님이 많군요.
5) 식사 시간이 지나서 그런지 식당에 사람이 없네요.

☆ 연습해 봅시다
1) 노라: 이 책을 요즘 많이 읽나요?
윤아: 네, 여름이어서 그런지 사람들이 '공포의 집'을 많이 읽어요.
노라: 그렇군요. 한국말을 잘한다면 저도 한번 읽어 보고 싶어요.
2) 노라: 가수 고은솔 씨가 인기가 많은가요?
윤아: 네, 목소리가 예뻐서 그런지 인기가 많아요.
노라: 그렇군요. 표가 비싸지 않다면 저도 콘서트를 보러 가고 싶어요.

3-2 학교도 보이고요

☆ 어휘
1) 깨지다 2) 잡히다 3) 먹히다 4) 찢어지다 5) 닫히다
6) 꺼지다 7) 끊기다 8) 쌓이다 9) 팔리다 10) 쓰이다
11) 들리다 12) 안기다 13) 켜지다 14) 걸리다 15) 쫓기다
16) 열리다 17) 보이다 18) 놓이다 19) 찍히다 20) 씻기다
21) 꽂히다

☆ 문법1
1) Y10 핸드폰은 엘리베이터 안에서도 전화가 잘 걸립니다.
2) Y10 핸드폰은 통화가 끊기지 않습니다.
3) Y10 핸드폰은 소리가 잘 들려서 인기가 더 많습니다.
4) Y10 핸드폰은 화면이 커서 내용이 잘 보입니다.
5) Y10 핸드폰은 사진이 예쁘게 찍혀서 인기가 많습니다.

☆ 문법2
1) 그림이 떨어져 있었어요.
2) 거울이 깨져 있었어요. 거울에 큰 손바닥 모양이 남아 있었어요.
3) 어머니는 의자에 앉아 계셨어요. 동생이 어머니한테 안겨 있었어요.

4) 식탁 위에 처음 보는 장갑이 놓여 있었어요.
5) 옷장의 서랍이 모두 열려 있었어요.

☆ 연습해 봅시다

유키: 책상 위에는 케이크 상자가 놓여 있었어요. 책상 위에 제가 좋아하는 장미가 꽂혀 있는 꽃병도 놓여 있었어요. 책상 옆 의자에 큰 인형이 보였어요. 책상 옆에 선물 상자도 보였는데 선물 상자 옆에는 쇼핑백도 있었어요. 쇼핑백에는 티셔츠하고 모자가 들어 있었어요. 칠판에는 '유키야, 생일 축하해'라고 쓰여 있었어요. 벽에 제 이름이 쓰여 있는 하트가 걸려 있었어요. 책상 위에 봉투가 2개 놓여 있었는데 하나에는 친구들이 쓴 카드가 들어 있었고 다른 봉투에는 영화표가 들어 있었어요. 오늘은 제 생일이에요.

◆ 복습

1. 1) 보이 2) 당연히 3) 갖추 4) 편리하실 5) 환해서
6) 상쾌한 7) 들리실 8) 관리하나요 9) 통해서

2. 1) 붙어 있어요 2) 시간이 된다면 3) 방학이어서 그런지
4) 들리던데요

4-1 중요한 물건은 미리 챙겨 놓으시면 좋습니다

☆ 어휘

1) 잡았다, 잡 2) 챙겨서, 챙겨 3) 싸는, 쌌다
4) 옮겼다, 옮기려고 5) 정리하, 정리할

☆ 문법1

1) 친구: 유학을 가면 어디에서 살 생각이에요?
진아: 아파트에서 살지 기숙사에서 살지 생각해 봐야 해요.
2) 친구: 유학 기간은 어느 정도 생각하고 있어요?
진아: 글쎄요, 2년 동안 공부할지 3년 동안 공부할지 생각 중이에요.
3) 친구: 학비는 어떻게 준비할 생각이에요?
진아: 은행에서 빌릴지 부모님의 도움을 받을지 아직 모르겠어요.
4) 친구: 전공은 결정했어요?
진아: 경영학을 공부할지 경제학을 공부할지 결정하지 못했어요.
5) 친구: 영어 공부는 어떻게 할 생각이에요?
진아: 학원에 다닐지 인터넷 강의를 들을지 생각 중이에요.

☆ 문법2

1) 과장: 회의 시간에 사용할 마이크와 노트북은 빌렸습니까?
수지: 네, 다 빌려 놓았습니다.
2) 과장: 회의 때 볼 서류는요?
수지: 네, 정리해 놓았습니다.
3) 과장: 회의 때 마실 음료수도 준비가 됐습니까?
수지: 네, 준비해 놓았습니다.
4) 과장: 회의 장소의 에어컨은 켰습니까?
수지: 네, 켜 놓았습니다.
5) 과장: 식사 장소는 예약했습니까?
수지: 네, 예약해 놓았습니다.

☆ 연습해 봅시다

1) 가: 리에 씨의 생일 파티는 어디에서 할 거예요?
나: 중국집에서 할 거예요. 예약을 해 놓았어요.
가: 선물은 준비했어요?
나: 아직 못 샀어요. 티셔츠를 살지 모자를 살지 생각 중이에요.
2) 가: 가족들에게 무슨 선물을 보낼 거예요?
나: 화장품을 보낼 거예요. 다 사 놓았어요.
가: 어떻게 보낼 거예요?
나: 항공편으로 보낼지 고향에 가는 친구에게 부탁할지 아직 결정하지 못했어요.

4-2 재활용품은 수요일에 버려야 한대

☆ 어휘

1) 치우면 2) 가득하면 3) 재활용품은
4) 음식물 쓰레기와 5) 일반 쓰레기는 6) 종량제 봉투
7) 건전지나 8) 형광등은

☆ 문법1

1) 가: 누가 같이 간대?
나: 유키 씨와 레오 씨가 같이 갈 거래.
2) 가: 몇 시에 어디에서 만나재?
나: 토요일 2시에 신촌역에서 만나기로 했대.
3) 가: 뭘 할 거래?
나: 공원에서 자전거를 탈 거니까 편한 옷을 입고 오래.
4) 가: 다른 말은 없어?
나: 그날 다 같이 저녁을 먹는게 어떠냬.
5) 가: 또 뭐라고 했어?
나: 연락 기다리겠대.

☆ 문법2

1) 가: 기숙사 휴게실과 샤워실은 아무 때나 이용할 수 있어요?
나: 네, 휴게실과 샤워실은 아무 때나 이용할 수 있어요.
2) 가: 기숙사에서는 방에서도 요리할 수 있어요?
나: 아니요, 아무 데서나 하면 안 돼요. 부엌에서만 해야 돼요.
3) 가: 일반 쓰레기는 아무 데나 버려도 돼요?
나: 아니요, 아무 데나 버리면 안 돼요. 기숙사 정문 앞에 버려야 해요.
4) 가: 요가 센터에는 아무 때나 갈 수 있어요?
나: 네, 원하는 시간에 아무 때나 갈 수 있어요.
5) 가: 요가를 배울 때 아무 옷이나 입어도 돼요?
나: 네, 편한 옷이면 아무 옷이나 입어도 돼요.

☆ 연습해 봅시다

1) 가: 이번 주 반 모임은 언제 하면 좋을까요? 다른 친구들에게 연락해 봐야겠어요.
나: 그래서 어제 유키 씨에게 물어봤어요.
가: 그래요? 언제가 좋대요?
나: 리타오 씨가 아르바이트를 하니까 6시 이후에는 아무 때나 괜찮대요. 그래서 저녁을 같이 먹는 건 어떠냬요.
2) 가: 다음 주에 하는 집들이에 무슨 음식을 준비하면 좋을까요? 다른 친구들에게 연락해서 무슨 음식을 좋아하는지 물어봐야겠어요.
나: 안 그래도 어제 올리비아 씨에게 물어봤어요.
가: 그래요? 무슨 음식이 좋대요?
나: 다른 친구들 모두 특별히 싫어하는 음식이 없으니까 아무 음식이나 좋대요. 그리고 술은 올리비아 씨가 사 가지고 오겠대요.

◆ 복습

1. 1) 예정 2) 쌌어 3) 비용은 4) 들 5) 옮긴
6) 정리해 7) 챙기는 8) 일반 쓰레기와 9) 벌금을
10) 재활용품을 11) 두면

2. 1) 친구를 만날지 집에서 쉴지 2) 있대요 3) 아무 때나
4) 예약해 놓을게요

5-1 한국에 온지 얼마 안 됐잖아요

☆ 어휘

1) 가득, 잔뜩 2) 겨우, 거의 3) 드디어, 결국
4) 그냥, 괜히 5) 차츰, 점점 6) 되게, 하도

☆ 문법1

1) 친구: 어떻게 친구가 많아졌어요?
리타오: 동아리에 들었더니 친구가 많아졌어요.
2) 친구: 어떻게 그렇게 건강이 좋아졌어요?
리타오: 태권도를 배웠더니 몸이 튼튼해졌어요.
3) 친구: 어떻게 돈을 모았어요?
리타오: 쇼핑을 자주 하지 않았더니 돈이 모여요.
4) 친구: 어떻게 한국 문화를 그렇게 잘 알게 됐어요?
리타오: 한국 영화를 많이 봤더니 한국 문화를 많이 알게 됐어요.
5) 친구: 어떻게 그렇게 매운 음식을 잘 먹어요?
리타오: 떡볶이를 자주 먹었더니 매운 음식을 잘 먹게 됐어요.

☆ 문법2

1) 나: 가수가 춤을 잘 추잖아요.
2) 나: 역사가 오래됐잖아요.
3) 나: 캐릭터가 귀엽잖아요.
4) 나: 접을 수 있어서 편리하잖아요.
5) 나: 신선한 과일로 만들어서 색도 예쁘고 맛있잖아요.

☆ 연습해 봅시다

1) 유키: 흐엉 씨, 목감기는 좀 어때요?
흐엉: 레몬차를 자주 마셨더니 좀 괜찮아졌어요.
유키: 요즘은 레몬으로 화장품도 많이 만드는 것 같아요.
흐엉: 레몬에 비타민 시(C)가 많잖아요.
2) 흐엉: 에릭 씨, 오늘 아주 편하게 입으셨네요.
에릭: 운동화를 신고 출근했더니 편하고 좋네요.
흐엉: 요즘은 정장에 배낭을 메고 출근하는 사람들도 많아요.
에릭: 그렇게 입으면 멋도 있고 편하잖아요.

5-2 영양이 아주 풍부하다면서요?

☆ 어휘

1) 조리시간 2) 굶 3) 간편하 4) 간식으로
5) 야식으로 6) 끼
광고: 영양이 골고루 / 건강한 한 끼 / 간편하다. 조리 시간 4분 / 국물까지 맛있는 인스턴트식품 / 아이들의 간식으로 / 늦은 시간까지 공부하는 학생들의 야식으로

☆ 문법1

1) 결혼식 비용을 알아보고 나서 결혼식을 할 장소를 고르세요.
2) 결혼식 장소를 고르고 나서 초대할 사람을 생각해 보세요.
3) 초대할 사람을 결정하고 나서 결혼식에서 먹을 음식을 선택하세요.
4) 결혼식을 할 때 먹을 음식을 결정하고 나서 드레스를 맞추세요.
5) 드레스를 맞추고 나서 결혼식에서 하고 싶은 것들을 생각해 보세요.

☆ 문법2

1) 윤아: 동대문 시장에는 쇼핑할 곳이 아주 많다면서?
누리: 응, 정말 많아. 여기저기에서 쇼핑을 많이 했어.
2) 윤아: 예쁜 옷도 많이 사고 신발하고 가방도 샀다면서?
누리: 응, 이 가방이 새로 산 가방이야.
3) 윤아: 옷 가게 아주머니가 물건 값을 깎아 주셨다면서?
누리: 제니가 한국말을 잘해서 그런지 물건값을 많이 깎아 주셨어.
4) 윤아: 동대문 시장에서 '닭한마리'라는 음식도 먹었다면서?
누리: 응, 진짜 맛있었어. 닭고기를 먹고 나서 국수도 먹었어.
5) 윤아: 다음 주말에 또 가기로 했다면서?
누리: 응. 또 가기로 했어. 다음 주에는 너도 같이 가자.

☆ 연습해 봅시다

1) 토니: 맥스 씨, 주말에 이사했다면서요?
맥스: 네, 아직도 이삿짐 정리를 다 하지 못했어요.
토니: 이사할 때 이삿짐센터는 어떻게 선택하셨어요?
맥스: 먼저 이사 비용을 알아보고 나서 이삿짐센터를 결정했어요.
2) 토니: 맥스 씨, 음악 동아리에 가입했다면서요?
맥스: 네, 학교에서 취미 활동을 할 수 있어서 아주 좋아요.
토니: 음악 동아리에 가입하려면 어떻게 해야 돼요?
맥스: 동아리 가입 신청을 하고 나서 간단한 테스트를 받아야 해요.

◆ 복습

1. 1) 첫인상은 2) 서툴러요 3) 겨우 4) 창피할 5) 잔뜩
6) 기본적 7) 간단하 8) 풍부하 9) 간편하 10) 하도

2. 1) 받았다면서요 2) 궁금하다고 했더니 3) 가잖아요
4) 인사를 하고 나서

6-1 약을 먹었는데도 기침이 나요

☆ 어휘

1) 접수를 2) 체중과 3) 진찰실 4) 처방전을
5) 수납 6) 식후 7) 복용하세요

☆ 문법1

1) 가: 요즘 인천 공항을 이용하는 사람들이 정말 많은 것 같아요.
나: 어제는 평일이었는데도 공항 이용자가 19만 명이 넘었대요.
2) 가: 내학 졸업생들도 일을 칮기기 이렵디면서요?
나: 네, 대학을 졸업했는데도 취업을 못 하는 사람들이 많대요.
3) 가: 학원에 다니는 중학생들은 영어를 잘 하겠어요.
나: 아니에요. 영어 학원에 다니는데도 영어로 말을 못한대요.
4) 가: 세일을 하면 백화점에 사람들이 많겠어요.

나: 아니에요. 어제 뉴스에서 봤는데 세일을 하는데도 손님이 줄었대요.
5) 가: 기름값이 많이 올라서 길에 차가 좀 줄었겠어요.
나: 아니에요. 기름값이 1,000원 이상 올랐는데도 차는 더 많아졌대요.

☆ 문법2
1) 유리컵은 깨지기가 쉬우니까 조심하세요.
2) 봉투에 이렇게 물건을 많이 넣으면 찢어지기가 쉬워요. 잘 들고 가세요.
3) 슬리퍼를 신고 올라가면 떨어지기가 쉬우니까 조심해야 해요.
4) 이런 길에서는 넘어지기가 쉽겠어요. 조심해서 걸으세요.
5) 열쇠는 작아서 잃어버리기가 쉬워요. 잘 챙기는 게 좋겠어요.

☆ 연습해 봅시다
1) 가: 그동안 한국어를 오래 배웠는데도 이야기를 잘 못하겠어.
나: 외국어는 계속 사용하지 않으면 잊어버리기가 쉬워.
2) 가: 선풍기를 하루 종일 켜 놓았는데도 계속 더워.
나: 그렇게 계속 켜 놓으면 안 돼. 감기에 걸리기가 쉬워.

6-2 다 나으려면 얼마나 걸릴까요?

☆ 어휘
1) 콧물이 많이 나고 몸이 계속 떨려요. 감기에 걸린 것 같아요.	내과
2) 계단을 내려가다가 넘어졌는데 걸을 수 없어요.	정형외과
3) 눈이 가려워서 계속 만졌더니 빨개졌어요.	안과
4) 요즘 두통이 심하고 어지러워요. 얼마 전에는 쓰러지기도 했어요.	내과
5) 여드름이 많이 나서 걱정이에요.	피부과

☆ 문법1
1) 친구: 비가 올지도 모르니까 우산도 가져 가.
2) 친구: 추울지도 모르니까 두꺼운 옷도 준비하는 게 어때?
3) 친구: 환전도 많이 해 놓는 게 좋겠어. 돈이 모자랄지도 몰라.
4) 친구: 비행기나 기차 안에서 심심할지도 모르니까 책도 챙겨.
5) 친구: 드라이어도 가져 가. 호텔에 없을지도 모르잖아.

☆ 문법2
1) 에릭: 미안해요. 지금 회사예요. 퇴근하려면 3시간 더 있어야 해요.
2) 레오: 미안해요. 한국에 놀러 온 친구가 고향에 돌아가서 공항에 있어요. 비행기가 출발하려면 2시간 30분 더 기다려야 해요.
3) 유키: 미안해요. 지금 기차 안이에요. 서울에 도착하려면 1시간 10분 더 걸려요.
4) 윤아: 미안해요. 지금 시험 기간이어서 도서관에 있어요. 우리 학교는 방학을 하려면 3일 더 있어야 해요.
5) 주앙: 미안해요. 지금 병원이에요. 축구를 하다가 다리를 다쳤는데 다리가 다 나으려면 한 달 더 입원해야 한대요.

☆ 연습해 봅시다
1) 가: 음식이 벌써 다 나왔네?
나: 응, 식당에 사람이 많아서 늦게 주문하면 늦게 나올지도 몰라서 미리 주문해 놓았어.
가: 그래? 그런데 사람들이 다 모이려면 30분은 더 기다려야 하는데.
2) 가: 점심을 먹었어?
나: 아니, 기차 안에서 배고플지도 모르니까 김밥을 사 놓을까?
가: 그래, 기차가 출발하려면 20분 남았으니까 갔다 와.

◆ 복습
1. 1) 기온이 2) 앓았다 3) 어지러워서 4) 진찰을 5) 증상과 6) 체중이 7) 회복을 8) 처방해

2. 1) 들었는데도 2) 틀리기가 쉬운 3) 떨어질지도 몰라 4) 익숙해지려면

7-1 이미 매진됐을 거예요

☆ 어휘
1) 상영합니다 2) 상영관 3) 관람객 4) 공연장
5) 관람하세요 6) 공연합니다 7) 경기하는 8) 경기장

☆ 문법1
1) 기자: 좋아하는 운동이 있습니까?
김수민: 달리기라든가 수영 같은 혼자 할 수 있는 운동을 좋아해요.
2) 기자: 좋아하는 색은 무엇입니까?
김수민: 하얀색이라든가 노란색 같은 밝은 색을 좋아해요.
3) 기자: 어떤 옷을 좋아하십니까?
김수민: 티셔츠라든가 청바지 같은 편한 옷을 좋아해서 자주 입어요.
4) 기자: 어떤 영화를 좋아하십니까?
김수민: '링'이라든가 '나이트 메어' 같은 공포 영화를 좋아해요.
5) 기자: 좋아하는 여행지가 있나요?
김수민: 제주도라든가 설악산 같은 경치가 아름다운 곳을 좋아해요.

☆ 문법2
1) 진수: 한국말이 너무 어려웠대.
민철: 한국말을 잘 못해서 답답했을 거야.
2) 진수: 한국 음식도 입에 안 맞았대.
민철: 음식을 잘 못 먹어서 힘들었을 거야.
3) 진수: 한국의 겨울 날씨가 고향 날씨보다 너무 추웠대.
민철: 날씨가 추워서 지내기가 힘들었을 거야.
4) 진수: 가족들을 볼 수 없는 게 제일 힘들었대.
민철: 가족들을 못 봐서 더 고향에 가고 싶었을 거야.
5) 진수: 건강도 많이 안 좋아졌대.
민철: 건강 때문에 유학 생활을 계속하기가 어려웠을 거야.

☆ 연습해 봅시다
1) 가: 친구가 부모님하고 살다가 처음으로 혼자 살게 됐어요. 필요한 물건을 많이 못 챙겼을 거예요. 뭘 사 주는 게 좋을까요?
나: 거울이라든가 시계 같은 생활에 필요한 물건들을 사 주는

게 좋을 것 같아요.
2) 가: 오빠가 졸업하자마자 취업을 했어요. 회사 생활에 필요한 것들을 준비하지 못했을 거예요. 뭘 선물하면 좋을까요?
나: 넥타이라든가 서류 가방 같은 회사에 다닐 때 필요한 물건을 선물하는 게 어때요?

7-2 이 뮤지컬은 인기가 많은가 봐요

☆ 어휘

1) 작품 2) 주제 3) 무대를 4) 환상적 5) 신나서
6) 감동적이었어요 7) 대사가

☆ 문법1

1) 리타오 씨는 자고 있어요. 피곤한가 봐요.
2) 앤디 씨와 앤디 씨 옆에 앉은 여자는 재미있게 이야기하고 있어요. 서로 관심이 있나 봐요.
3) 노라 씨가 춤을 잘 추나 봐요. 사람들이 박수를 치면서 구경하고 있어요.
4) 크리스 씨는 노래를 잘 못 부르나 봐요.
5) 방 안의 사람들이 노래를 부르고 있어요. 흐엉 씨가 생일인가 봐요.

☆ 문법2

1) 가: 저는 어릴 때부터 아이들을 외국으로 유학을 보내면 부모님의 사랑이 필요한 때에 부모님과 멀어지게 된다고 생각합니다.
2) 나: 그렇지만 좋은 점이 더 많다고 생각합니다. 어릴 때 유학을 가면 외국어는 물론 외국 문화를 더 쉽게 이해할 수 있다고 생각합니다.
3) 가: 하지만 돈이 많이 드는 것은 좋지 않은 점이라고 생각합니다.
4) 가: 초등학교에서 시험을 보지 않는 것에 대해서 어떻게 생각합니까?
나: 시험을 보지 않으면 스트레스를 받지 않고 공부할 수 있다고 생각합니다.
5) 가: 스트레스를 받지 않는 것은 좋지만 시험을 보지 않으면 배운 내용을 잘 알고 있는지 확인하기가 어렵다고 생각합니다.

☆ 연습해 봅시다

2) 가: 요즘 혼자 밥을 먹는 손님들을 위한 식당이 점점 늘고 있대요.
나: 예전보다 혼자 밥을 먹는 사람들이 많아졌나 봐요.
가: 앞으로 한 사람을 위한 가게나 식당이 더 많이 늘어날 거라고 생각해요.
3) 가: 공기를 깨끗하게 만들어주는 가전제품이 작년보다 더 잘 팔리고 있대요.
나: 점점 공기가 나빠지고 있나 봐요.
가: 우리 모두 환경을 지키려는 노력을 해야 한다고 생각해요.

◆ 복습

1. 1) 세계적으로 2) 알려진 3) 상영하는 4) 매진돼
5) 일시를 6) 주인공이 7) 표현하는 8) 훌륭하다고
9) 감동적이어서 10) 관람객 11) 환상적 12) 대사
2. 1) 사용하나 봐요 2) 사 줬을 거예요 3) 안 좋다고 생각해요

4) 노래 듣기라든가 그림 그리기 같은

8-1 어머니께서 식사 시간을 지키게 하셨어요

☆ 문법1

1) 하늘: 존, 우리 언어 교환을 할까? 내가 한국말을 가르쳐 줄게.
존: 좋아. 네가 나에게 한국말을 가르쳐 주는 대신에 나는 너에게 영어를 가르쳐 줄게.
2) 존: 하늘아, 우리 같이 영화를 볼래? 내가 표를 살게.
하늘: 좋아. 그럼 네가 영화표를 사는 대신에 나는 팝콘을 살게.
3) 하늘: 존, 우리 집에 가서 같이 저녁을 먹을래? 내가 요리를 할게.
존: 좋아, 그럼 네가 요리를 하는 대신에 나는 설거지를 할게.
4) 존: 하늘아, 우리 같이 소풍을 갈래? 내가 김밥을 준비할게.
하늘: 좋아. 그럼 네가 김밥을 준비하는 대신에 나는 과일과 음료수를 준비할게.
5) 하늘: 존, 우리 같이 제주도에 여행을 가자. 내가 관광지를 알아볼게.
존: 좋아. 그럼 네가 관광지를 알아보는 대신에 나는 숙박 시설을 알아볼게.

☆ 문법2

1) 어머니께서 저에게 날마다 일기를 쓰게 하셨어요. 그래서 제가 글을 잘 쓰게 되었어요.
2) 어머니께서 저에게 많이 생각하고 이야기하게 하셨어요. 그래서 제가 생각이 풍부해졌어요.
3) 아버지께서 저에게 밥을 천천히 먹게 하셨어요. 그래서 제가 항상 소화가 잘 되고 건강해요.
4) 아버지께서 저에게 텔레비전을 보지 못하게 하셨어요. 그래서 제가 책을 많이 읽게 됐어요.
5) 아버지께서 저에게 여러 가지 운동을 배우게 하셨어요. 그래서 제가 운동을 좋아하게 됐어요.

☆ 연습해 봅시다

1) 가: 무슨 걱정이 있어요?
나: 남동생이 한국말 실력이 안 늘어서 단어를 외우게 했는데 잘 못 외워요.
가: 단어를 외우게 하는 대신에 문장을 만들게 해 보세요. 그럼 더 잘 기억할 수 있을 거예요.
2) 가: 무슨 걱정이 있어요?
나: 친구가 담배를 못 끊어서 담배를 피우면 돈을 내게 했는데 계속 피워요.
가: 돈을 내게 하는 대신에 금연 일기를 쓰게 해 보세요. 그럼 더 잘 참을 수 있을 거예요.

8-2 운동하니까 좋던데 이튼 씨도 해 보세요

☆ 어휘

1) 운동 부족이었어요 2) 운동량이 3) 쌓였어요 4) 풀렸어요
5) 빠졌어요 6) 쪘어요 7) 생겼어요

☆ 문법1

1) 저는 오늘 수업 내용이 중요한 줄 알면서도 계속 휴대폰만

봤어요.
2) 저는 말하면 안 되는 줄 알면서도 에릭 씨의 비밀을 말했어요.
3) 저는 친구가 힘들 때 도와줘야 하는 줄 알면서도 도와주지 못했어요.
4) 저는 이영수 씨를 알면서도 모른다고 말했어요.
5) 저는 선생님이 질문한 문제의 답을 알면서도 말하지 않았어요.

문법2

1) '한국의집' 불고기가 아주 맛있던데 친구하고 같이 가서 꼭 드세요.
2) 사물놀이가 아주 재미있던데 친구하고 같이 해 보면 어때요?
3) 난타 공연이 아주 재미있던데 친구하고 꼭 보세요.
4) 명동은 볼거리도 많고 먹을 것도 많던데 거기에 가서 쇼핑을 하세요.
5) 서울 타워에서 보는 서울의 모습이 아주 멋있던데 친구하고 가 보세요.

연습해 봅시다

1) 가: 날마다 복습해야 하는 줄 알면서도 친구들하고 놀기만 했어요. 공부를 안 해서 시험 결과가 너무 나빠요.
   나: 단어만 외워도 도움이 많이 되던데 날마다 복습하기 힘들면 한 번 해 보세요.
2) 가: 답을 알면서도 틀리면 부끄러울 것 같아서 말을 안 했어요. 그래서 이제는 수업 시간에 말을 거의 안 하게 됐어요.
   나: 짧게 대답해도 선생님이 다 도와주시던데 부끄러워하지 말고 해 보세요. 한 번 해보면 계속 하는 건 별로 어렵지 않을 거예요.

◆ 복습

1. 1) 안색　2) 정신없이　3) 부지런하　4) 규칙적으로　5) 습관
   6) 피로가 쌓일　8) 뜻대로　7) 게을러서　9) 대충
2. 1) 멋있던데　2) 테니스를 치게 하셨습니다
   3) 운동을 해야 하는 줄 알면서도　4) 운동하는 대신에

9-1 선반 위에 올려놓고서 그냥 내렸어요

어휘

1) 엘리베이터	끼이다 : 지하철 문 틈에 옷이 끼였어요.
2) 틈	갇히다 : 엘리베이터에 갇혔어요.
3) 부상	누르다 : 엘리베이터 문이 안 열려서 비상벨을 눌렀어요.
4) 비상벨	빠지다 : 어렸을 때 강에서 놀다가 물에 빠진 적이 있어요.
5) 물	당하다 : 축구 경기를 하다가 넘어져서 큰 부상을 당했어요.

문법1

1) 요금을 결제하고서 자전거 이용 번호를 문자로 받으세요.
2) 자전거 이용 번호를 받고서 빌리고 싶은 자전거를 선택하세요.
3) 자전거를 선택하고서 자전거에 있는 단말기를 켜세요.
4) 단말기를 켜고서 자전거 이용 번호를 누르세요.
5) 이용 번호를 누르고서 자전거를 꺼내세요.

문법2

1) 버스가 갑자기 서서 넘어질 뻔했어요.
2) 자리가 생겨서 앉았는데 졸다가 휴대 전화를 떨어뜨릴 뻔했어요.
3) 버스 안에 사람이 많아서 못 내릴 뻔했어요.
4) 오토바이가 바로 제 앞을 지나갔어요. 사고가 날 뻔했어요.
5) 1분만 늦었으면 지각할 뻔했어요.

연습해 봅시다

1) 가: 가스 불을 켜 놓고 나와서 큰일 날 뻔했어요.
   나: 밖에 나오기 전에 가스 불을 확인하고서 나와야지요.
2) 가: 앞을 제대로 안 보고 걷다가 넘어질 뻔했어요.
   나: 조심해야지요. 앞을 잘 보고서 걸으세요.

9-2 오늘 맡기시면 2~3일 정도 걸린다고 합니다

어휘

보기 녹다	녹이다		
1) 알다	알리다	14) 속다	속이다
2) 앉다	앉히다	15) 살다	살리다
3) 깨다	깨우다	16) 죽다	죽이다
4) 맞다	맞추다	17) 울다	울리다
5) 남다	남기다	18) 타다	태우다
6) 씻다	씻기다	19) 서다	세우다
7) 끓다	끓이다	20) 자다	재우다
8) 늦다	늦추다	21) 웃다	웃기다
9) 눕다	눕히다	22) 신다	신기다
10) 숨다	숨기다	23) 먹다	먹이다
11) 맡다	맡기다	23) 읽다	읽히다
12) 붙다	붙이다	25) 입다	입히다
13) 낮다	낮추다	26) 차다	채우다

문법1

1) 유치원에 가기 전에 옷을 입혀 줘.
2) 10시에는 유치원 차에 태워야 해.
3) 집에 돌아오면 오후 5시쯤에 꼭 약을 먹여야 해.
4) 자기 전에 씻겨 줘.
5) 9시 전에 꼭 재워야 해.

문법2

1) 교실에 들어가니까
2) 달력을 보니까
3) 학교 밖으로 나오니까
4) 가방을 열어 보니까
5) 우산을 펴 보니까

연습해 봅시다

2) 가: 병원에서 일해 보니까 어때요?
   나: 생각했던 것보다 할 일이 많아요. 제시간에 환자들에게 약을 먹이고 몸이 불편한 사람들을 씻겨야 해요.
3) 가: 유치원에서 일하니까 어때요?
   나: 생각했던 것보다 어려워요. 낮잠을 자는 시간에 아이들을 재우고 집에 돌아가기 전에 깨워야 해요.

복습

1. 1) 화면 2) 맡겨야겠다고 3) 알리기
4) 갇혀 5) 다행히 6) 큰일

2. 1) 가보니까 2) 받고서 3) 늦춰 4) 안 가지고 갈 뻔 했어요

10-1 그만 하늘 씨한테 보내고 말았어요

어휘

1) 혼났어, 혼내셨어요 2) 겁이 나, 겁내
3) 화를 내서, 화가 나도 4) 나타낸다고, 나타나네요
5) 시간을 내서, 시간이 날

문법1

1) 노라: 버스를 잘못 탔어요. 700번 버스를 탄다는 것이 7000번 버스를 탔어요.
2) 유키: 택시를 잘못 탔어요. 신촌이라고 말한다는 것이 시청이라고 말했나 봐요. 시청 쪽으로 가다가 돌아왔어요.
3) 리타오: 편의점에서 돈을 잘못 냈어요. 5천원을 낸다는 것이 5만원을 내서 편의점에 다시 갔다가 왔어요.
4) 주앙: 집에서 가방을 잘못 가지고 나왔어요. 제 가방을 메고 온다는 것이 친구 가방을 메고 나와서 집에 다시 갔다가 왔어요.
5) 흐엉: 집에서 물건을 잘못 챙겼어요. 휴대전화를 챙긴다는 것이 텔레비전 리모컨을 챙겨서 집에 다시 갔다가 왔어요.

문법2

1) 잡히고 말았어요.
2) 들키고 말았어요.
3) 떨어지고 말았어요.
4) 끊어지고 말았어요.
5) 죽고 말았어요.

연습해 봅시다

1) 여행갈 때 새 여권을 가지고 간다는 것이 옛날 여권을 가지고 가서 비행기를 못 타고 말았어요.
2) 호텔을 예약할 때 3월 2일을 예약한다는 것이 3월 3일을 예약해서 호텔에서 숙박을 못 하고 말았어요.

10-2 제가 리나 씨를 좀 놀렸거든요

어휘

1) 친구를 4시에 만나기로 했는데 약속 시간이 3시인 줄 알았어요.	까먹다 깜박하다
2) 저는 두 사람이 사귀는 줄 알았어요. 제가 오해했다는 걸 알았어요.	화해하다
3) 엄마 생일이 오늘인 걸 잊어버렸어요.	착각하다
4) 약속을 지키지 않았어요.	사이좋다
5) 친구에게 미안하다고 말했어요.	약속을 어기다
6) 요즘 동생하고 싸우지 않고 잘 지내요.	사과하다
7) 며칠 전 싸운 친구와 서로 잘 지내자고 이야기했어요.	오해를 풀다 오해가 풀리다

문법1

1) 필립: 3개월을 등록하면 할인을 얼마나 받을 수 있어요?
   아나키: 3개월을 등록하면 할인을 받을 수 없어요. 6개월 이상 등록해야 할인을 받을 수 있거든요.
2) 필립: 할인을 받으려면 학생증을 가지고 가야 해요?
   아나키: 그럼요. 학생 특별 할인을 받으려면 학생증이 꼭 필요하거든요.
3) 필립: 24시간 문을 여니까 아무 때나 이용할 수 있지요?
   아나키: 월요일 새벽에는 이용할 수 없어요. 그 시간엔 청소를 하거든요.
4) 필립: 운동복은 안 가지고 가도 되는 거지요?
   아나키: 네, 그냥 가도 돼요. 운동복은 무료로 이용할 수 있거든요.
5) 필립: 수건도 무료로 이용할 수 있어요?
   아나키: 수건은 가지고 가세요. 헬스클럽 수건을 쓰려면 돈을 내야 하거든요.

문법2

1) 유타: 성적이 나빠서 내년에 저만 졸업하지 못할까 봐 걱정이에요.
2) 유타: 좋은 회사에 못 들어갈까 봐 걱정이에요.
3) 유타: 마지막 학기의 학비가 부족할까 봐 요즘 아르바이트를 시작했어요.
4) 유타: 체중이 좀 늘었어요. 살이 더 찔까 봐 요즘 운동을 시작했어요.
5) 유타: 여자 친구가 싫어할까 봐 말하지 않는 일이 많아지고 있어요.

연습해 봅시다

1) 가: 입사 시험 준비는 잘 하고 있어?
   나: 응, 내일 중요한 인터뷰가 있는데 잘 못 할까 봐 불안해. 그 회사에 꼭 들어가고 싶거든.
2) 가: 이제 결혼도 생각해야 할 나이네요.

나: 네, 그런데 결혼하지 못할까 봐 걱정입니다. 아직 사귀는 사람이 없거든요.

◆ 복습

1. 1) 감추는 2) 그만 3) 기분이 상했나 4) 사과할
5) 오해하는 6) 장난을 7) 화해하 8) 겁이 나 9) 풀어

2. 1) 넣는다는 것이 2) 보내고 말았어요 3) 들어 있거든요
4) 생길까 봐

연습 문제 답안

1-1 힘들기는요

어휘

1. 1) 꿈은 2) 전문가가 3) 기술을 4) 신입생
   5) 학과 6) 정보를 7) 입학하는데 8) 동기

-기는요

1. 1) 일을 다 끝내기는요. 2) 방이 좁기는요.
   3) 영화가 재미없기는요. 4) 동생이 잘생기기는요.
   5) 시험을 잘 보기는요.
2. 1) 비싸기는요. 2) 좁기는요.
   3) 잘하기는요. 4) 미안하기는.
   5) 다 하기는요. 아직 비행기 표 예매도 못 했어요.

-을/ㄹ 뿐이다

1. 1) 이름만 알 뿐이에요. 2) 회사 동료일 뿐이에요.
   3) 머리가 좀 아플 뿐이에요. 4) 계획만 세울 뿐이에요.
   5) 잠깐 도와 드렸을 뿐이에요.
2. 1) 피곤할 뿐이에요. 2) 정리를 좀 했을 뿐이에요.
   3) 친구 사이일 뿐이에요. 4) 얼굴만 알 뿐이에요.
   5) 제가 해야 할 일을 했을 뿐이에요.

1-2 일이 좀 많은 편입니다

어휘

1. 1) 실력이 뛰어난 2) 긴장할 3) 최선을 다해서
   4) 궁금한 5) 입사하 6) 낯설 7) 지내보면

-기 위해서

1. 1) 저는 역사 선생님이 되기 위해서 역사학을 전공했어요.
   2) 저는 학생증을 만들기 위해서 학교 사무실에 갔어요.
   3) 저는 좋아하는 배우를 보기 위해서 방송국에 가요.
   4) 저는 친구를 사귀기 위해서 언어 교환을 신청했어요.
   5) 저는 한국 드라마를 보기 위해서 한국말을 배울 거예요.
2. 1) 저는 한국 대학교에 들어가
   2) 저는 무역 회사에 입사하
   3) 저는 가수가 되
   4) 저는 방학 때 해외여행을 가기 위해서 돈을 모으고 있어요.
   5) 반 친구들을 위해서 고향 음식을 만들었어요.

-는/은/ㄴ 편이다

1. 1) 돈을 많이 쓰는 편이에요. 2) 잘 본 편이에요.
   3) 많이 마시는 편이에요. 4) 거의 안 하는 편이지요.
   5) 가까운 편이에요.
2. 1) 좀 비싼 편이에요. 2) 사람이 좀 많은 편이네요.
   3) 일주일에 세 번 이상 매운 음식을 먹는데 이 정도면 자주 먹는 편이지요?
   4) 네, 한 달에 네번 정도 가니까 자주 가는 편이에요.
   5) 네, 일주일에 세 번 정도는 회의를 하니까 많이 하는 편이지요.

2-1 지금 잠깐 쉬려던 참이었어요

어휘

1. 1) 이용해 2) 개인적 3) 그렇지 않아도
   4) 가능해요 5) 선택했어요 6) 일정표를 7) 상담을

-으려던/려던 참이었다

1. 1) 가게 문을 닫으려던 참이었어요.
   2) 라면을 끓여 먹으려던 참이었어요.
   3) 은행에 가려던 참이었어요.
   4) 친구에게 문자 메시지를 보내려던 참이었어요.
   5) 지금 닦으려던 참이었어요.
2. 1) 먹으려던 참이었어요.
   2) 예매하려던 참이었어요.
   3) 지금 나가려던 참이었어요.
   4) 지금 리에 씨에게 전화하려던 참이었어요.
   5) 그렇지 않아도 오늘 병원에 가 보려던 참이었어.

-기만 하다

1. 1) 울기만 해요. 2) 받기만 했어요.
   3) 떠들기만 했어요. 4) 먹기만 했어요.
   5) 모으기만 해요.
2. 1) 웃기만 했어요. 2) 볶기만 했어요.
   3) 시키기만 해요. 4) 공부만 했어요.
   5) 자르기만 했어요.

2-2 학교생활을 즐기려면 동아리에 가입해야지

어휘

1. 1) 활동했다 2) 가입하 3) 돌아다니 4) 각자
   5) 친해서 6) 전시회를

-어야지요/아야지요/여야지요

1. 1) 끝까지 해야지요. 2) 채소도 먹어야지요.
   3) 휴대 전화를 꺼야지요. 4) 옷을 따뜻하게 입어야지요.
   5) 비행기 표를 미리 사야지요.
2. 1) 언어부터 배워야지. 2) 무리하지 말고 쉬어야지요.
   3) 끝내고 자야지요. 4) 이름부터 써야지.
   5) 메모를 해야지요.

-어/아/여 보이다

1. 1) 길어 보여요. 2) 작아 보여요. 3) 좋아 보여요.
   4) 무서워 보였어요. 5) 불편해 보이네요.
2. 1) 행복해 보여. 2) 어려 보여요.
   3) 아주 착해 보였어. 4) 정말 피곤해 보였어요.
   5) 재미없어 보이던데.

3-1 익숙해서 그런지 아파트가 좋아요

어휘

1. 1) 공간이 2) 갖춰서 3) 단독 주택 4) 가꾸신다
   5) 관리하면 6) 정원이 7) 상쾌해요

-는다면/ㄴ다면/다면

1. 1) 제가 의사라면 돈이 없는 환자는 무료로 치료해 주겠어요.
   2) 시간이 많다면 여행을 가고 싶어요.
   3) 유명한 사람을 만난다면 같이 사진을 찍자고 하겠어요.

4) 세상에 자동차가 없다면 생활이 아주 불편해질 거예요.
5) 미래를 볼 수 있다면 좋겠지만 좀 무서울 것 같아요.

2. 1) 남자 친구가 생긴다면 같이 커플 반지를 끼고 싶어요.
2) 오늘이 주말이라면 집에서 푹 쉬겠어요.
3) 좋아하는 연예인을 본다면 가서 사인을 해 달라고 하겠어요.
4) 휴대 전화가 없어진다면 사람들이 책을 더 많이 읽을 것 같아요.
5) 산타클로스가 진짜 있다면 자동차를 선물로 받고 싶어요.

-어서/아서/여서 그런지

1. 1) 요즘 과로해서 그런지 많이 자도 피곤해요.
2) 공부 때문에 바빠서 그런지 책을 읽는 학생이 줄었어요.
3) 밥을 급하게 먹어서 그런지 소화가 잘 안돼요.
4) 커피를 많이 마셔서 그런지 잠이 오지 않아요.
5) 컴퓨터를 많이 봐서 그런지 눈이 나빠졌어요.

2. 1) 어제 밤에 라면을 먹고 자서 그런지
2) 어제 노래를 많이 불러서 그런지
3) 휴가철이어서 그런지
4) 배운 지 오래돼서 그런지
5) 친구들과 한국말로만 이야기해서 그런지 한국말 실력이 늘었어요.

3-2 학교도 보이고요

어휘

1. 1) 통해서 2) 냉방 3) 신혼부부가 4) 부동산
5) 난방 6) 당연히 7) 수도 8) 확실해요

피동

1. 1) 들리세요. 2) 열려요. 3) 쌓였어요. 4) 쫓기는 5) 걸리
2. 1) 모여서 2) 닫히
3) 끊겼어요 4) 김치냉장고가 제일 많이 팔립니다.
5) 저를요? 저는 안 들리는데요?

-어/아/여 있다

1. 1) 안겨 있어요. 2) 서 있었어요. 3) 걸려 있
4) 놓여 있어서 5) 와 있어요.
2. 1) 쌓여 있어요. 2) 모여 있어요. 3) 쓰여 있어요.
4) 누워 있었어요. 5) 깨져 있었어요.

4-1 중요한 물건은 미리 챙겨 놓으시면 좋습니다

어휘

1. 1) 챙겨 2) 비용이 들었어요 3) 예정
4) 혹시 5) 포장 이사를

-을지/ㄹ지 -을지/ㄹ지

1. 1) 집으로 초대할지 밖에서 만날지 아직 결정하지 못했어요.
2) 여행을 1박 2일로 갈지 2박 3일로 갈지 친구들과 이야기하고 있어요.
3) 기차를 탈지 버스를 탈지 아직 잘 모르겠어요.
4) 옷을 새로 살지 빌려서 입을지 생각하고 있어요.
5) 이 회사에서 계속 일할지 다른 회사로 옮길지 결정하지 못했어요.

2. 1) 부산으로 갈지 제주도로 갈지
2) 가방을 선물할지 모자를 선물할지
3) 불고기를 만들지 닭갈비를 만들지
4) 고속버스를 탈지 기차를 탈지 생각 중이에요.
5) 명동에서 할지 이태원에서 할지 잘 모르겠어요.

-어/아/여 놓다

1. 1) 과일을 씻어 놓았어요. 2) 맥주를 사 놓으셨어요.
3) 식탁을 닦아 놓았어요. 4) 반찬을 담아 놓으셨어요.
5) 컵을 꺼내 놓았어요.
2. 1) 사 놓았어요. 2) 닦아 놓았어요.
3) 주문해 놓을게요. 4) 예매해 놓을게요.
5) 고쳐 놓겠습니다.

4-2 재활용품은 수요일에 버려야 한대

어휘

1. 1) 둔 2) 비닐로 3) 따로따로 4) 버리
5) 재활용품은 6) 벌금을 7) 제대로

-대요/ㄴ대요/대요

1. 1) 유키 씨가 매운 음식을 좋아한대요.
2) 한국은 여름에 아주 덥대요.
3) 약속 장소가 어디냬요.
4) 늦지 말고 일찍 오래요.
5) 이번 주 일요일에 등산을 하재요.
2. 1) 미국 사람이래요. 2) 조금 늦는대요.
3) 다음 주에 하재. 4) 어느 나라에서 왔냬요.
5) 한국의 맛있는 과자를 많이 사 오래요.

아무

1. 1) 아무 음식이나 2) 아무 데나 3) 아무거나
4) 아무 옷이나 5) 아무나
2. 1) 아무 데나 2) 아무 차나 3) 아무나
4) 아무 데서나 살 수 있어요. 5) 아무 약이나 먹으면 안 돼요.

5-1 한국에 온지 얼마 안 됐잖아요

어휘

1. 1) 당황스러웠어요 2) 찾아뵈었어요 3) 창피했어요
4) 깜짝 5) 쳐다보는 6) 기본적
7) 놀라니까 8) 첫인상이

-었더니/았더니/였더니

1. 1) 방을 정리했더니 방이 넓어 보여요.
2) 하루 종일 서 있었더니 다리가 부었어요.
3) 조용한 음악을 들었더니 마음이 편해졌어요.
4) 과자를 이것저것 먹었더니 입맛이 없네요.
5) 제가 동생에게 미안하다고 했더니 동생이 괜찮다고 했어요.
2. 1) 친구한테 물어봤더니 2) 며칠 잠을 못 잤더니
3) 나가 봤더니 4) 선물을 줬더니
5) 제가 며칠 전화를 안 했더니 저렇게 걱정을 하시네요.

-잖아요

1. 1) 떨어뜨리면 깨지잖아요.
   2) 레몬에 비타민 시(C)가 많잖아요.
   3) 시간이 지나면 잊어버리잖아요.
   4) 주말에는 복잡하잖아요.
   5) 왕웨이 씨가 중국 사람이잖아요.
2. 1) 세일기간이잖아요. 2) 비행기 표 사기가 힘들잖아요.
   3) 고향에 돌아갔잖아요. 4) 한국말을 잘하잖아요.
   5) 한국말을 많이 할 수 있잖아요.

5-2 영양이 아주 풍부하다면서요?

어휘

1. 1) 영양이 풍부하 2) 서투른 3) 한꺼번에
   4) 간단하 5) 골고루

-고 나서

1. 1) 여행갈 때 필요한 물건을 다 챙기고 나서 짐을 싸기 시작했어요.
   2) 이메일을 보내고 나서 문자 메시지를 보내세요.
   3) 먼저 치킨을 주문하고 나서 떡볶이를 만듭시다.
   4) 친구들과 농구를 하고 나서 밥을 먹으러 갔어요.
   5) 숙제부터 다 해 놓고 나서 게임을 해라.
2. 1) 저녁을 먹고 나서
   2) 식사하고 나서 바로 드세요.
   3) 하고 나서 바로 저녁을 먹을 거예요.
   4) 이 드라마만 보고 나서 숙제할게요.
   5) 밥을 먹고 나서 노래방에 가자. 어때?

-는다면서요/ㄴ다면서요/다면서요?

1. 1) 메리 씨가 다음 달에 결혼을 한다면서요?
   2) 가수 일라이가 우리 학교에 온다면서요?
   3) 포이 씨가 고향으로 돌아갔다면서요?
   4) 이튼 씨 여자 친구가 예쁘다면서요?
   5) 카미 씨 동생이 한국어 선생님이라면서요?
2. 1) 제주도 돼지고기도 먹었다면서?
   2) 한라산을 걸어서 올라갔다면서?
   3) 재미있는 사진을 많이 찍었다면서?
   4) 너, 바다를 아주 좋아한다면서?
   5) 제주도는 음식 값이 좀 비싸다면서?

6-1 약을 먹었는데도 기침이 나요

어휘

1. 1) 진찰을 2) 당일로 3) 앓았더니
   4) 기온이 내려간다고 5) 아침저녁으로

-는데도/은데도/ㄴ데도

1. 1) 오늘은 휴일인데도 놀이공원에 사람들이 많지 않아요.
   2) 지난주에 배웠는데도 잘 모르겠어요.
   3) 매일 책상 위를 닦는데도 먼지가 많아요.
   4) 집이 가까운데도 날마다 학교에 늦어요.
   5) 밥을 많이 먹었는데도 배가 고파요.
2. 1) 어제 많이 잤는데도
   2) 연습을 많이 했는데도
   3) 돈이 많은데도
   4) 하숙비가 비싼데도 시설이 별로 좋지 않아요.
   5) 아니요, 10년이나 배웠는데도 별로 잘 치지 못해요.

-기가 쉽다

1. 1) 틀리기가 쉬워요. 2) 감기에 걸리기가 쉬워요.
   3) 잃어버리기가 쉬우니까 가방에 넣으세요.
   4) 사고가 나기가 쉬워요. 5) 건강이 나빠지기가 쉬워요.
2. 1) 다치기가 쉬워요 2) 배탈이 나기가 쉬워요.
   3) 유리컵은 깨지기가 쉬우니까 4) 넘어지기가 쉬워요.
   5) 그러면 눈이 나빠지기가 쉬워.

6-2 다 나으려면 얼마나 걸릴까요?

어휘

1. 1) 삐었다 2) 발목 3) 진통제를 4) 촬영하
   5) 처방해 6) 회복이 7) 엑스레이를 8) 뼈가

-을지도/ㄹ지도 모르다

1. 1) 눈이 오면 길이 막힐지도 몰라요.
   2) 스엉 씨가 집에 가고 싶어 할지도 몰라요.
   3) 리에 씨는 술을 마시지 않을지도 몰라요.
   4) 올리비아 씨가 저보다 언니일지도 몰라요.
   5) 에릭 씨는 벌써 그 영화를 봤을지도 몰라요.
2. 1) 밀릴지도 모르니까 2) 물이 들어갔을지도 모르니까
   3) 자리가 없을지도 몰라요. 4) 여자 친구일지도 몰라.
   5) 모자랄지도 몰라요.

-으려면/려면²

1. 1) 요리가 나오려면 조금 더 기다리셔야 합니다.
   2) 감기가 다 나으려면 집에서 푹 쉬는 게 좋습니다.
   3) 방학이 되려면 이 주일 더 있어야 합니다.
   4) 퇴근하려면 지금부터 30분 더 있어야 해요.
   5) 기차가 서울역에 도착하려면 네 시간쯤 걸려요.
2. 1) 끝나려면 2) 목이 다 회복되려면 3) 돌아오려면
   4) 문을 열려면 5) 괜찮아지려면

7-1 이미 매진됐을 거예요

어휘

1. 1) 매진됐다 2) 좌석이니까 3) 그리 4) 일시와
   5) 상영하는 6) 대단하다

이라든가/라든가

1. 1) 커피를 못 마시는 친구에게 녹차라든가 홍차 같은 차를 선물해 주세요.
   2) 입맛이 없으신 어머니께 사과라든가 포도 같은 과일을 사 드리는 게 어때요?
   3) 고향에서 친구들이 오면 불고기라든가 비빔밥 같은 한식을 먹으러 갈 거예요.
   4) 운동을 좋아하는 동생에게 운동화라든가 농구공 같은 스포츠 용품을 사 주려고 해요.

5) 아이들은 인형이라든가 자동차 같은 장난감을 좋아할 거예요.

2. 1) 콜라라든가 주스 같은
2) 스웨터라든가 코트 같은
3) 김치찌개라든가 닭갈비 같은
4) 제주도라든가 울릉도 같은 섬으로 가 보세요.
5) 냄비라든가 접시 같은 요리할 때 필요한 물건은 어때요?

-었을/았을/였을 것이다

1. 1) 식사도 못 했을 거예요. 2) 일찍 퇴근했을 거예요.
3) 모자랐을 거예요. 4) 이미 봤을 거예요.
5) 한국어를 배우지 않았을 거예요.

2. 1) 일찍 집에 갔을 거예요. 2) 이미 저녁을 먹었을 거예요.
3) 어제 잠을 못 잤을 거예요.
4) 아마 아르바이트 때문에 전화를 못 받았을 거예요.
5) 남자 친구와 오래 사귀었으니까 아마 결혼을 했을 거예요.

7-2 이 뮤지컬은 인기가 많은가 봐요

어휘

1. 1) 알려진 2) 연기 3) 훌륭했다 4) 주인공이
5) 감동을 6) 표현하는 7) 세계적으로

-나/은가/ㄴ가 보다

1. 1) 지금 자고 있나 봐요. 2) 교통사고가 났나 봐요.
3) 늦게 일어났나 봐요. 4) 한국 노래를 많이 듣나 봐요.
5) 많이 아픈가 봐요.

2. 1) 외국 사람들에게 유명한 관광지인가 봐요.
2) 바쁜가 봐요.
3) 그 영화가 재미있나 봐요.
4) 영수 씨는 술을 잘 못 마시나 봐요.
5) 엘리베이터가 고장이 났나 봐요.

-는다고/ㄴ다고/다고 생각하다

1. 1) 앞으로 채소값이 더 떨어질 거라고 생각합니다.
2) 사회생활과 학교생활은 많이 다르다고 생각합니다.
3) 무슨 일이든지 최선을 다해야 한다고 생각합니다.
4) 세계 경제가 점점 좋아지고 있다고 생각합니다.
5) 한국 친구들을 사귀는 것이 한국어를 빨리 배우는 방법이라고 생각합니다.

2. 1) 큰 소리로 사용하면 안 된다고 생각합니다.
2) 가지 않아도 된다고 생각합니다.
3) 함께 생각해야 할 문제라고 생각합니다.
4) 사람들과의 관계가 중요하다고 생각합니다.
5) 아니요, 원하지 않으면 할 필요가 없다고 생각합니다.

8-1 어머니께서 식사 시간을 지키게 하셨어요

어휘

1. 1) 식욕이 2) 대충 3) 불규칙해서 4) 습관은
5) 뜻대로 6) 기운이 7) 규칙적

-는 대신에

1. 1) 동생이 요리를 하는 대신에 저는 설거지를 해요.
2) 친구가 영화표를 사는 대신에 저는 저녁을 샀어요.
3) 리나 씨가 책을 빌려 주는 대신에 슈테판 씨는 커피를 사 줄 거예요.
4) 우리는 공연을 보는 대신에 전시회에 가기로 했어요.
5) 유키 씨는 전화를 거는 대신에 문자 메시지를 보냈어요.

2. 1) 정우 씨가 예매를 하는 대신에
2) 영철 씨가 사진기를 빌려 주는 대신에
3) 친구가 한국말을 가르쳐 주는 대신에
4) 게임을 하는 대신에
5) 술을 마시는 대신에 같이 운동을 하려고 해요.

-게 하다

1. 1) 친구하고 같이 놀게 해요. 2) 음식을 골고루 먹게 해요.
3) 교과서를 잘 챙기게 해요. 4) 게임을 못 하게 해요.
5) 가까이에서 보지 못하게 해요.

2. 1) 기다리게 해서 2) 휴대 전화를 사용하지 못하게 해요.
3) 담배를 못 피우게 해요. 4) 커피를 못 마시게 하셨어요.
5) 혼자 자게 하셨어요.

8-2 운동하니까 좋던데 이튼 씨도 해 보세요

어휘

1. 1) 시간을 내 2) 밤늦게 3) 정신없이 4) 안색이
5) 적당히 6) 영양제를

-으면서도/면서도

1. 1) 담배가 건강에 안 좋은 줄 알면서도 계속 담배를 피워요.
2) 일찍 일어나야 하는 줄 알면서도 날마다 늦게 일어났어요.
3) 기름이 많은 음식인 줄 알면서도 맛있어서 자꾸 먹게 돼요.
4) 이리나 씨를 알면서도 모른다고 말했어요.
5) 시험을 못 봤으면서도 잘 봤다고 했어요.

2. 1) 바쁜 줄 알면서도
2) 숙제를 날마다 해야 하는 줄 알면서도
3) 안 좋은 줄 알면서도
4) 아주 가벼우면서도 따뜻해서 자주 입어요.
5) 음식값이 비싼 줄 알면서도 가까워서 자주 가요.

-던데

1. 1) 앞 건물에 헬스클럽이 생겼던데
2) 그 영화는 재미없던데
3) 학교에서 한국 영화를 상영하던데
4) 식당에 있는 에어컨이 고장 났던데
5) 지나 씨가 장미를 좋아하던데

2. 1) 도서관에 가던데
2) 한강에서 보는 야경이 아주 아름답던데
3) 사용할 수 있는 곳이 많아서 좋던데
4) 학교 앞 고기 뷔페가 괜찮던데 거기에서 저녁을 먹는 건 어때요?
5) 요즘 '사랑'이라는 영화가 인기가 많던데 그 영화를 보세요.

9-1 선반 위에 올려놓고서 그냥 내렸어요

어휘

1. 1) 선반 2) 역무실 3) 다행히 4) 급히

5) 어떡해요　　6) 큰일

-고서

1. 1) 음식을 고르고서 직원을 부르세요.
2) 냄비에 재료를 넣고서 5분 동안 끓이세요.
3) 서명을 하고서 신청서를 내세요.
4) 먼저 고기를 볶고서 채소를 넣었어요.
5) 공연 일시를 선택하고서 결제를 하면 돼요.

2. 1) 대학교를 졸업하고서
2) 넣고서 잘 비벼서 드세요.
3) 두꺼운 코트를 입고서 나가세요.
4) 먼저 인터넷으로 예약을 하고서 예약한 날에 가면 돼요.
5) 동전을 넣고서 선택 버튼을 누르세요.

-을/ㄹ 뻔하다

1. 1) 지각할 뻔했어요.　2) 날 뻔했어요.
3) 삘 뻔했어요.　4) 다칠 뻔했어요.
5) 잃어버릴 뻔했어요.

2. 1) 유민 씨를 못 볼 뻔했어요.　2) 큰일 날 뻔했어요.
3) 못 만날 뻔했어요.　4) 옮기다가 떨어뜨릴 뻔했어요.
5) 회의 시간에 늦을 뻔했어요.

9-2 오늘 맡기시면 2~3일 정도 걸린다고 합니다

어휘

1. 1) 맡겼다　2) 수리를　3) 화면이　4) 번거로워요
5) 보여

사동

1. 1) 동생을 울려요.　2) 택시를 세워요.
3) 김치찌개를 끓여요.　4) 아이를 의자에 앉혀요.
5) 친구들을 웃겨요.

2. 1) 재웠어요　2) 알려　3) 살리　4) 속여서　5) 낮춰

-으니까/니까[2]

1. 1) 창밖을 보니까 비가 오고 있었어요.
2) 지갑을 열어 보니까 돈이 없었어요.
3) 백화점에 가니까 세일을 하고 있었어요.
4) 교실에 들어가니까 친구들이 모두 공부하고 있었어요.
5) 좋아하는 가수의 노래를 직접 들으니까 정말 감동적이었어요.

2. 1) 직접 보니까　2) 고향에 돌아가니까　3) 해 보니까
4) 써 보니까 아주 빠르고 편해.
5) 먹어 보니까 생각했던 것보다 많이 맵지 않네요.

10-1 그만 하늘 씨한테 보내고 말았어요

어휘

1. 1) 감추　2) 나타나면　3) 속마음을　4) 표정이
5) 그만　6) 들겼어요　7) 부끄러워해요　8) 하긴

-는다는/ㄴ다는 것이

1. 1) 서류에 동생 이름을 쓴다는 것이 제 이름을 썼어요.
2) 친구 집에 전화한다는 것이 회사에 전화를 했어요.
3) 30분만 자고 일어난다는 것이 아침까지 잤어요.
4) 친구에게 빌린 책을 돌려준다는 것이 제 책을 줬어요.
5) 시청으로 가는 지하철을 탄다는 것이 다른 쪽으로 가는 걸 탔어요.

2. 1) 명동으로 가는 버스를 탄다는 것이
2) 챙긴다는 것이
3) 1,000원을 낸다는 것이 10,000원을 냈어요.
4) 소금을 넣는다는 것이
5) 친구한테 전화를 건다는 것이

-고 말다

1. 1) 넘어지고 말았어요.　2) 실수를 하고 말았어요.
3) 깜박 잊고 말았어요.　4) 회사에 지각하고 말았어요.
5) 술을 또 마시고 말았어요.

2. 1) 말하고 말았어요.　2) 다시 피우고 말았어요.
3) 화를 내고 말았어요.　4) 과식을 하고 말았어요.
5) 넘어지고 말았어요.

10-2 제가 리나 씨를 좀 놀렸거든요

어휘

1. 1) 기분이 상했어요　2) 진심을 알아줄　3) 말을 긴
4) 놀렸어요　5) 장난을　6) 사과했어요

-거든요

1. 1) 집에 먹을 게 하나도 없거든요.
2) 시간이 별로 없거든요.
3) 아르바이트를 해야 하거든요.
4) 노래를 잘하거든요.
5) 시설이 정말 좋거든요.

2. 1) 음식이 맛있거든요.
2) 살이 많이 쪘거든요.
3) 제가 갖고 싶어 했던 컴퓨터를 선물로 받았거든요.
4) 바쁠 때 자주 이용해요. 간편하거든요.
5) 부모님이 한국에 오시거든요.

-을까/ㄹ까 봐

1. 1) 오늘은 점심 먹을 시간이 없을까 봐
2) 네가 약속을 잊어버렸을까 봐
3) 이튼 씨가 기분 나빠할까 봐
4) 살이 찔까 봐
5) 노라 씨 집을 못 찾아갈까 봐

2. 1) 부모님이 걱정하실까 봐　2) 화를 낼까 봐
3) 늦어서 기차를 못 탈까 봐　4) 잊어버릴까 봐 써 놓았어요.
5) 음식이 모자랄까 봐 많이 주문했어요.

색인

어휘 색인

ㅇ

ㅈ

문법 색인

English Version

새 연세한국어 별책부록

어휘와 문법 3-1

NEW YONSEI KOREAN Vocabulary and Grammar

연세대학교 한국어학당 편

연세대학교 출판문화원

Foreword

The Yonsei University Korean Language Institute ("Yonsei KLI") was established in 1959 as the first institute to provide Korean language courses. Yonsei KLI has published numerous Korean language teaching textbooks and conducted various studies on Korean language pedagogy commensurate with its long history and prestigious reputation as the world's leading Korean language institute. Yonsei KLI has imparted language skills and knowledge of Korea's rich cultural heritage to over 140,000 students from 147 countries. More recently, the institute has extended the learning environment beyond physical classrooms to the online space through the creation of MOOCs(Massive Open Online Course), which have received deep appreciation from those who wish to learn the Korean language but are unable to attend Yonsei KLI in person. To keep pace with the rapidly evolving educational environment, Yonsei KLI continues to relentlessly pursue various endeavors to update and develop new methods of and materials for teaching the Korean language.

Yonsei KLI has offered various regular, short-term, and the university Korean courses for those who are studying the Korean language for both general and special purposes. The institute has been deeply committed to developing teaching materials of the highest quality that cater to learners' needs. The textbooks created and published by Yonsei KLI have been satisfying the diverse needs of Korean language instructors and learners around the world to provide excellent teaching and learning experiences.

Yonsei KLI is now proud to present the "New Yonsei Korean" textbook series which follows in the steps of the "Yonsei Korean 1–6" series, the all-time favorite textbook series for learning the Korean language. Many scholars and instructors with years of hands-on Korean language teaching experience have been involved, and great deals of time and effort have been dedicated in its development. Their understanding of the best teaching practices and the needs of learners are incorporated into this new series.

The recently published "New Yonsei Korean" textbook series is comprised of six levels of vocabulary and grammar, speaking and writing, and listening and reading textbooks. "New Yonsei Korean Vocabulary and Grammar" textbook helps the Korean learners at each level in building and utilizing the key vocabulary words and grammatical concepts. "New Yonsei Korean Speaking and Writing" textbook focuses on speaking and writing exercises that enable learners to familiarize themselves with expressions that are essential for communication in Korean. "New Yonsei Korean Listening and Reading" textbook fosters 2 the comprehension skills appropriate for each level of the Korean language through listening and reading exercises. The three textbooks in each series can be used together as a package to help learners acquire balanced Korean language proficiency or may be used separately depending on the educational environment or individual learners' needs. Furthermore, an additional guidebook for the vocabulary and grammar textbook was provided to assist teachers with relatively less experiences.

Yonsei KLI will continue to dedicate time and energy to developing textbooks and teaching materials that can satisfy the needs and meet the expectations of Korean language learners around the world. Yonsei KLI hopes that this newly released textbook series will be of great help to numerous instructors both inside and outside of Korea doing their utmost to offer top-notch Korean language education and to all of the learners around the world striving to learn the Korean language.

The Yonsei University Institute of Language Research and Education

The Yonsei Korean Language Institute Textbook Compilation Committee

Introduction

How the book has been organized

- There are a total of 40 sections, 20 units with 2 subsections.
- Each unit consists of practice exercises and each lesson consists of review questions.
  (Unit 1 - Unit 1 practice exercises - Unit 2 – Unit 2 practice exercises - Review questions)
- **Vocabulary:** This segment introduces vocabulary words from the dialogue in the unit, as well as vocabulary or expressions that are related to the lesson theme or appropriate for Level 3 learners.
- **Grammar:** Two grammar points are introduced per unit, totaling four grammar points in each lesson.
- **Practice Exercises:** An appendix is included to help students practice the vocabulary and grammar they have learned.
  Vocabulary: It helps students practice the vocabulary that they learned from the dialogue in each unit
  Grammar 1: It consists of simple grammar exercises, such as connecting two simple sentences into one complex sentence, and using the target grammar point to change the sentence.
  Grammar 2: It consists of exercises where students practice using grammar contextually by completing a conversation or sentence.
- **Review Questions:** Students can confirm and review the vocabulary and grammar they learned throughout the entire lesson (two unit).
  -#1: It consists of questions that encompass the whole of the vocabulary words in the lesson.
  -#2: It consists of questions that encompass the whole of the grammar points taught in the lesson.
- **Model Answer:** A model answer is given for the practice exercises and review questions to help self-study learners.
- **Appendix:** The vocabulary and grammar appendix is a list of the vocabulary words and grammar points that were introduced in each lesson in alphabetical order.
- **Supplementary Booklet:** The booklet contains a translation of the dialogue, vocabulary, grammar meaning, grammar usage, and grammar examples so that students can easily and comfortably practice Korean with the help of the supplementary booklet.

Details of each content

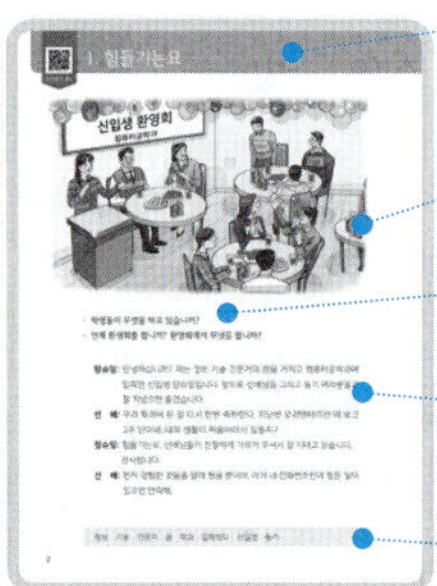

- **Unit Title:** The unit title is the representative sentence in the unit that reflects the grammar point that is being taught through the dialogue.
- **Introductory Illustration:** This is an illustration that is related to the theme or dialogue in the unit.
- **Introductory Question:** This is a question that is related to the introductory or main dialogue.
- **Dialogue:** The dialogue is formed as a conversation between more than two people, and this portion consists of two to three sets of dialogues.
- **Dialogue Vocabulary:** Vocabulary words that the students need to know when practicing the dialogue are introduced below the dialogue.

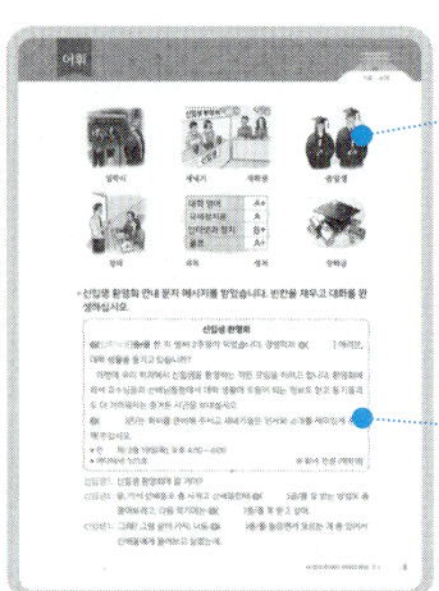

- **Expanded Vocabulary:** This consists of an extended list of vocabulary words that are related to the unit theme, as well as vocabulary and expressions that Level 3 learners should know. Illustrations and pictures are also included so that learners can easily understand and learn the vocabulary words.
- **Vocabulary Practice:** This consists of an exercise where learners will look at a picture and write or speak about it to confirm whether they have correctly understood the vocabulary that they have learned.

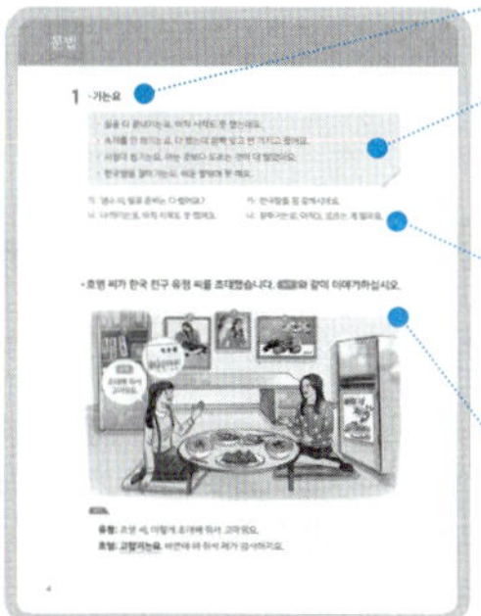

- **Grammar:** This segment introduces the grammar points of each unit.
- **Grammar Examples:** Four examples are provided so that learners can understand the target grammar point. The meaning of the target grammar point has been translated into various languages and is included in the supplementary booklet.
- **Grammar Dialogue:** Two sets of dialogues are contained so that learners can correctly understand the target grammar in context. The transcript of the dialogue has been translated into various languages and is contained in the supplementary booklet.
- **Grammar Practice:** This is an exercise that aims to help students appropriately use the grammar they have learned in the right context. Students will look at the "Example" and answer the questions.

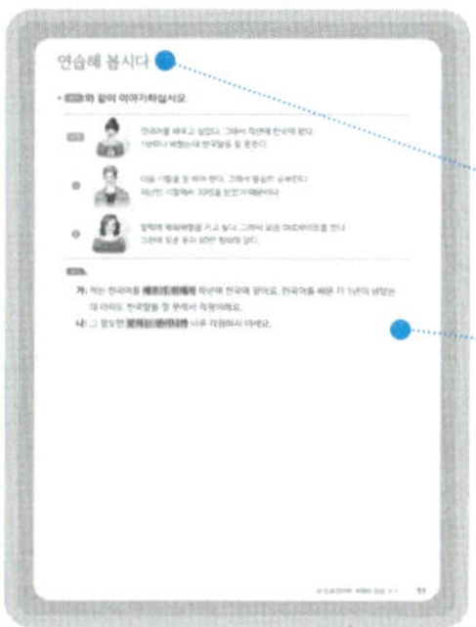

- **Let's Practice:** This exercise helps students speak sentences using the grammar they have learned in each unit.
- **"Example" Dialogue:** An example dialogue is provided so that learners can easily practice speaking.

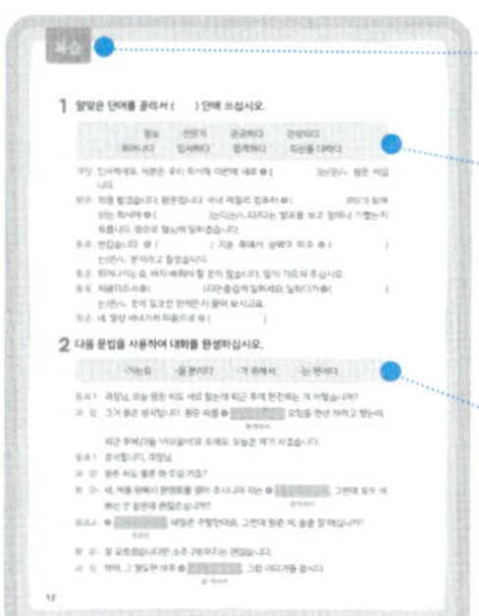

- **Review:** This is a review of the vocabulary and grammar contained in the lesson.
- **#1:** Students will choose the appropriate vocabulary to complete the dialogue or writing. The question covers all the vocabulary words in the lesson, which allows students to review and check the vocabulary words from the main dialogue, as well as the expanded vocabulary.
- **#2:** This question covers the grammar points in the entire lesson. Students can practice the grammar they've learned by using the four grammar points in the context of one discourse.

- **Practice Exercises:** This helps students practice the vocabulary and grammar they learned in each unit.
- **Vocabulary:** Students can choose from the vocabulary words they've learned from the main dialogue to complete each sentence.
- **#1:** It consists of simple grammar exercises, such as connecting two sentences into a complex sentence, or changing sentences.
- **#2:** It consists of exercises where students practice using grammar contextually by completing a conversation or making sentences.

Unit Compilation

Lesson	Unit	Grammar	Dialogue Vocabulary	Expanded Vocabulary
Lesson 1 Introduction	<1> It's not hard at all	-기는요 -을 뿐이다	기술(technology), 꿈(dream), 동기(classmate), 신입생(new student), 전문가(specialist), 정보(information), 학과(department), 입학하다(to enroll)	강의(lecture), 과목(subject), 새내기(freshman), 성적(grades), 입학식(enrollment ceremony), 장학금(scholarship), 재학생(enrolled student), 졸업생(graduate)
	<2> The workload is relatively high	-기 위해서 -는 편이다	실력(skills), 최선(best), 궁금하다(to be curious), 긴장되다(to be nervous), 낯설다(to be unfamiliar), 뛰어나다(to be excellent), 입사하다(to join a company), 지내보다(to get along with)	사회생활(social life), 생년월일(date of birth), 성별(gender), 이력서(resume), 자기소개(self-introduction), 특기(special ability), 학력(level of education), 도전하다(to challenge), 합격하다(to pass)
Lesson 2 School life	<1> I was just about to take a break	-으려던 참이었다 -기만 하다	개인적(personal), 상담(counseling), 상담실(counseling office), 일정표(schedule), 가능하다(to be possible), 선택하다(to choose), 이용하다(to use), 그렇지 않아도(as a matter of fact)	상담 내용(content of counseling), 온라인 상담(online counseling), 전화 상담(phone counseling), 진학 상담(academic counseling), 취업 상담(career counseling), 면담하다(to have an interview), 의논하다(to discuss)
	<2> If you want to enjoy your school life, you need to sign up for a club	-어야지요 -어 보이다	각자(each), 전시회(exhibition), 가입하다(to sign up for), 돌아다니다(to go around), 친하다(to be close), 활동하다(to do an activity)	국악(Korean traditional music), 발표회(presentation), 연주회(performance), 합창(chorus), 회원(member), 회장(president), 들다[1](to join)

Lesson	Unit	Grammar	Dialogue Vocabulary	Expanded Vocabulary
Lesson 3 Home	<1> Perhaps it's because I've grown accustomed to them, but I like apartments	-는다면 -어서 그런지	공간(space), 단독 주택(house), 정원(garden), 가꾸다(to grow), 갖추다[1](to be equipped with), 관리하다(to maintain), 상쾌하다(to be fresh)	고층(high-rise), 교육 환경(educational environment), 자연환경(natural environment), 저층(low-rise), 편의 시설(convenience facility), 편리하다(to be convenient), 환하다(to be bright)
	<2> The school can be seen from here, too	피동 -어 있다	난방(heating), 냉방(air-conditioning), 부동산(real estate agency), 수도(water), 신혼부부(newlyweds), 통하다(to circulate), 확실하다(to be sure), 당연히(certainly)	걸리다(to take time), 깨지다(to be broken), 꺼지다(to be turned off), 꽂히다(to be stuck), 끊기다(to be cut off), 놓이다(to be placed), 닫히다(to be closed), 들리다(to be heard), 먹히다(to be eaten), 바뀌다(to be changed), 보이다[1](to be seen), 쌓이다(to be accumulated), 쓰이다(to be used for), 씻기다[1](to be washed), 안기다(to be held), 잡히다(to be caught), 쫓기다(to be chased), 찍히다(to be poked), 찢어지다(to be torn), 켜지다(to be turned on), 팔리다(to be sold)
Lesson 4 Daily life	<1> It's better for you to pack your own valuables ahead of time	-을지 -을지 -어 놓다	비용(cost), 예정(plan), 포장 이사(packing and moving service), 들다[2](to cost), 챙기다(to pack or to take), 혹시(perhaps)	싸다(to pack), 옮기다(to move), 잡다(to set), 정리하다(to organize)
	<2> She said we have to throw out the recyclables on Wednesdays	-는대요 아무	벌금(fine), 비닐(plastic), 재활용품(recyclables), 두다(to leave), 버리다(to throw away), 따로따로(separately), 제대로(correctly)	건전지(battery), 종량제 봉투(standard plastic trash bag), 음식물 쓰레기(food trash), 일반 쓰레기(non-food trash), 형광등(fluorescent light), 가득하다(to be full), 치우다(to clean)

Lesson	Unit	Grammar	Dialogue Vocabulary	Expanded Vocabulary
Lesson 5 Food and cooking	<1> (As you know) It hasn't been very long since I came to Korea	-었더니 -잖아요	기본적(basic), 첫인상(first impression), 놀라다(to be surprised), 당황스럽다(to be taken aback), 창피하다(to be embarrassed), 찾아뵈다(to visit), 쳐다보다(to look at), 깜짝(with surprise)	겨우(only), 결국(ultimately), 괜히(uselessly), 되게(very), 잔뜩(to the full), 차츰(little by little), 하도(so much)
	<2> Is it true that it has a lot of nutrition?	-고 나서 -는다면서요?	영양(nutrition), 간단하다(to be simple), 서투르다(to not be good at), 풍부하다(to be abundant), 골고루(evenly), 한꺼번에(all at once)	간식(snack), 끼(number of meals), 야식(late night snack), 인스턴트식품(instant foods), 조리 시간(cooking time), 간편하다(to be convenient), 굶다(to starve)
Lesson 6 Hospital	<1> I keep coughing, even after taking medication	-는데도 -기가 쉽다	국제 진료 센터(International Health Care Center), 기온(temperature), 당일(same-day), 아침저녁(mornings and evenings), 진찰(medical examination), 내려가다(to go down), 앓다(to be sick with)	수납(payment), 식후(after meals), 접수(registeration), 진찰실(treatment room), 처방전(prescription), 체온(body temperature), 체중(weight), 복용 하다(to intake)
	<2> How long will it take to fully recover?	-을지도 모르다 -으려면2	발목(ankle), 뼈(bone), 엑스레이(x-ray), 진통제(painkiller), 회복(recovery), 삐다(to sprain), 처방하다(to prescribe), 촬영하다(to take a photograph or to film)	안과(ophthalmology), 여드름(pimples), 정형외과(orthopedics), 증상(symptoms), 피부과(dermatology), 가렵다(to be itchy), 쓰러지다(to collapse), 어지럽다(to be dizzy)

Lesson	Unit	Grammar	Dialogue Vocabulary	Expanded Vocabulary
Lesson 7 Cultural pastime	<1> It's probably already sold out	이라든가 -었을 것이다	일시(date and time), 좌석(seats), 대단하다(to be great), 매진되다(to be sold out), 상영하다(to show or put on the screen), 그리(not very)	경기장(stadium), 공연장(performance hall), 관람객(audience), 상영관(theater), 경기하다(to play a match), 공연하다(to perform), 관람하다(to watch)
	<2> This musical must be very poopular	나 보다 -는다고 생각하다	감동(inspiration), 세계적(world-class), 연기(acting), 주인공(protagonist), 알려지다(to become known), 표현하다(to express), 훌륭하다(to be superb or excellent)	감동적(to be touching), 대사(lines), 무대(stage), 작품(work of art), 주제(theme), 환상적(fantastic), 신나다(to be excited), 지루하다(to be boring)
Lesson 8 Lifestyle habits	<1> My mom always made me stick to set meal times	-는 대신에 -게 하다	규칙적(routine), 기운(energy), 습관(habit), 식욕(appetite), 불규칙하다(to be irregular), 대충(haphazardly), 뜻대로(according to plan)	과식(overeating), 과음(excessive drinking), 금연(no smoking), 금주(no drinking), 소식(light eating), 음주(drinking), 편식(be picky about food), 흡연(smoking), 게으르다(to be lazy), 끊다(to quit), 부지런하다(to be hard-working)
	<2> Exercising is great. You should try it, too, Ethan	-으면서도 -던데	안색(complexion), 영양제(nutritional supplements), 헬스클럽(gym), 내다(to make time), 밤늦게(late at night), 적당히(appropriately), 정신없이(busily)	운동 부족(lack of exercise), 근육이 생기다(to develop muscles), 살이 빠지다(to lose weight), 살이 찌다(to gain weight), 운동량이 늘다(to have an increase in exercise amount), 피로가 쌓이다(to have an increase in fatigue), 피로가 풀리다(to have less fatigue)

Lesson	Unit	Grammar	Dialogue Vocabulary	Expanded Vocabulary
Lesson 9 Problem and solution	<1> I left it on the top shelf and got off	-고서 -을 뻔하다	선반(top shelf), 역무실(Station Office), 유실물 센터(lost-and-found center), 큰일(big trouble), 어떡하다(what to do), 급히(rush), 다행히(fortunately)	부상(injury), 비상벨(emergency bell), 안전띠(safety belt), 틈(gap), 갇히다(to get locked in), 끼이다(to be jammed between), 당하다(to suffer), 빠지다[1](to get (injured))
	<2> If you leave it here, they say it'll take about 2 to 3 days	사동 -으니까[2]	수리(repair), 화면(screen), 맡기다(to leave), 번거롭다(troublesome), 보이다[2](to show)	깨우다(to wake up), 낮추다(to lower), 녹다(to melt), 녹이다(to melt something), 눕히다(too lay down), 늦추다(to delay), 맡다(to receive), 먹이다(to feed), 살리다(to save), 세우다(to raise), 속다(to be fooled), 속이다(to fool), 숨기다(to hide something), 숨다(to hide), 신기다(to put on), 씻기다[2](to wash something), 앉히다(to sit someone down), 알리다(to let someone know), 울리다(to make someone cry), 웃기다(to make someone laugh), 읽히다(to make someone read), 입히다(to make someone put on, 재우다(to make someone go to sleep), 죽이다(to kill), 채우다(to fill), 태우다(to make someone ride)
Lesson 10 Mistakes and apologies	<1> I happened to send it to Haneul	-는다는 것이 -고 말다	속마음(inner feelings), 표정(expression), 감추다(to hide), 나타나다(to reveal), 들키다(to be found out), 부끄러워하다(to be embarrassed), 그만(to happen to), 하긴(in fact)	겁을 내다(to be afraid of), 겁이 나다(to be scared), 나타내다(to show), 시간이 나다(to have time), 혼을 내다(to scold), 혼이 나다(to be scolded), 화가 나다(to be angry), 화를 내다(to show one's anger)
	<2> I actually made fun of Lena	-거든요 -을까 봐	장난(joke), 진심(true heart), 걸다(to talk to), 놀리다(to make fun of), 사과하다(to apologize), 상하다(to be offended), 알아주다(to understand someone's intention)	까먹다(to forget), 깜박하다(to slip one's mind), 사이좋다(to have a good relationship), 어기다(to break a promise), 오해하다(to misunderstand), 착각하다(to mistakenly think), 풀다[1](to solve), 풀리다(to become solved), 화해하다(to make amends)

Contents

Lesson 1 Introduction

<1> It's not hard at all

Dialogue

Jiang Shuying: Hello, my name is Jiang Shuying I am a new student in the Computer Engineering Department and my dream is to become an Information Technology specialist. I hope to get along well with all of you seniors and classmates.
Senior: Congratulations again on coming to our department. It's been two weeks since we met at the orientation. College life must be hard since you're just starting out.
Jang Shuying: It's not hard at all. I'm doing well since all the seniors are so friendly and helpful. Thank you.
Senior: We're only sharing what we ourselves went through. Here's my phone number. If things become hard, give me a call.

Vocabulary List

기술 technology	꿈 dream
동기 same year peer	신입생 new student
전문가 specialist	정보 information
학과 department	입학하다 to enroll
강의 lecture	과목 subject
새내기 freshman	성적 grades
입학식 enrollment ceremony	
장학금 scholarship	재학생 enrolled student
졸업생 graduate	

Grammar

1. -기는요

• **Meaning and Usage**

This is used with an action or descriptive verb to negate what the other person has said or when the speaker does not agree with what has just been said. When used in response to a compliment, it is an expression of humility.

• **Examples**

일을 다 끝내기는요. 아직 시작도 못 했는데요.
I haven't finished all the work. I haven't even begun.
숙제를 안 하기는요. 다 했는데 깜빡 잊고 안 가지고 왔어요.
I have done the homework. I finished it but just forgot to bring it with me.
시험이 쉽기는요. 아는 것보다 모르는 것이 더 많았어요.
The test isn't easy. There were more questions I didn't know the answers to than the ones I did.
한국말을 잘하기는요. 쉬운 말밖에 못 해요.
I'm not good at Korean. I can only speak simple phrases.

가: 영수 씨, 발표 준비는 다 했어요?
A: Yeongsu, are you finished preparing for your presentation?
나: 다 하기는요. 아직 시작도 못했어요.
B: I'm not finished. I haven't even begun.

가: 한국말을 참 잘하시네요.
A: You're so good at Korean.
나: 잘하기는요. 아직도 모르는 게 많아요.
B: Not at all. There are so many things I still don't know.

2. —을/ㄹ 뿐이다

• **Meaning and Usage**

This is used with an action or descriptive verb to show that there is nothing in addition to what has been stated. It also conveys a tone of diminished value or importance regarding the preceding content.

• **Examples**

그 사람 이름만 알 뿐이에요. 다른 것은 잘 몰라요.
I only know that person's name. I don't know anything else.
건강이 좋아진 특별한 방법은 없어요. 아침마다 산책을 했을 뿐이에요.
There isn't any secret method to my health improving. All I did was take a walk every morning.
고맙기는요, 시간이 있어서 조금 도왔을 뿐이에요.
No need to thank me. I just helped out because I had some time to spare.
미정 씨는 같은 반 친구일 뿐이에요. 제 여자 친구가 아니에요.
Mijeong is just a friend from class. She's not my girlfriend.

가: 영수 씨, 얼굴이 안 좋아 보여요. 어디 아프세요?
A: Yeongsu, you don't look well. Are you sick?
나: 괜찮아요. 좀 피곤할 뿐이에요.
B: I'm okay. I'm just tired.

가: 도와주셔서 감사합니다.
A: Thank you for your help.
나: 감사하기는요. 제가 해야 할 일을 했을 뿐입니다.
B: No need for thanks. I just did what I had to do.

• **Note**

This can be used to speak of something you have done in a humble manner.

Lesson 1 Introduction

<2> The workload is relatively high

Dialogue

Director: You must be nervous since it's your first day at work. The workload at our company is relatively high, but there are many colleagues who will help you, Mr. Yeongsu Lee. Let's do our best to get along.
Youngsu: Yes, I'll do my best to work hard.
Director: I heard that your English abilities are excellent.
Youngsu Lee: I diligently prepared myself in order to get a job at a trading company.
Director: That's good. Things may seem unfamiliar at first, but you'll get used to it in no time. If there's anything you're curious about, feel free to ask me.
Youngsu Lee: Thank you, Director. I'll do my best.

Vocabulary List

실력 skills　　최선 best
궁금하다 to be curious　　긴장되다 to be nervous
낯설다 to be unfamiliar　　뛰어나다 to be excellent
입사하다 to join a company　　지내보다 to get along with
사회생활 social life　　생년월일 date of birth
성별 gender　　이력서 resume
자기소개 self-introduction
특기 special ability　　학력 level of education
도전하다 to challenge　　합격하다 to pass

Grammar

1. —기 위해서

- **Meaning and Usage**

This is used with an action verb to reveal the purpose or intent for doing something.

- **Examples**

저는 세계 여행을 하기 위해서 외국어를 공부해요.
I am learning a foreign language in order to travel the world.

저는 선생님이 되기 위해서 교육학을 전공할 거예요.
I will major in education in order to become a teacher.

제 동생은 중국으로 유학을 가기 위해서 중국어를 공부하고 있어요.
My younger sibling is studying Chinese in order to study abroad in China.

이든 씨는 친구들을 위해서 고향 음식을 만들었어요.
Ethan made his hometown food for his friends.

가: 우디 씨, 왜 그렇게 열심히 공부해요?
A: Woody, why are you studying so hard?
나: 공무원 시험에 합격하기 위해서 열심히 공부해요.
B: I am studying hard in order to pass the civil service examination.

가: 코넨 씨, 날마다 이렇게 운동하시는 거예요?
A: Conan, do you exercise like this every day?
나: 네, 저는 건강을 위해서 날마다 운동을 해요.
B: Yes, I exercise every day for my health.

- **Note**

This cannot be used with a descriptive verb. It can also be used as '-을/를 위해서'. It is a formal and literary expression.

2. —는/은/ㄴ 편이다

- **Meaning and Usage**

This is used with an action or descriptive verb to avoid speaking definitively about something and instead speak of it in relative terms.

- **Form**

'-는 편이다' is used with action verbs including '있다' and '없다' after the verb stem. '-ㄴ 편이다' is used when the descriptive verb stem ends with a vowel or 'ㄹ' and '-은 편이다' is used when it ends with a consonant.

Action or descriptive Verb stem ending	Combine with	Examples
Action Verb, 있다, 없다	-는 편이다	먹는, 맛있는, 없는 편이다
Consonant (descriptive verb)	-은 편이다	많은, 적은, 추운 편이다
ㄹ, Vowel (descriptive verb)	-ㄴ 편이다	먼, 바쁜, 따뜻한 편이다

- **Examples**

저는 한 달에 다섯 번 이상 극장에 가니까 자주 가는 편이에요.
I go to the theater relatively often, considering that I go five times or more a month.

코리 씨가 노래를 잘 못한다고요? 그 정도면 잘 하는 편이에요.
You think Corey doesn't sing well? He sings relatively well.

플릭 씨는 키가 큰 편이지요.
Flick is pretty tall.

안느 씨, 한국 음식을 처음 만들었는데 이 정도면 맛있는 편이지요.
Anne, it's your first time making Korean food and this is pretty good.

가: 주디 씨, 토미 씨는 어떤 사람이에요?
A: Judy, what kind of person is Tommy?
나: 말이 별로 없는 편이지만 같이 있으면 재미있어요.
B: He may seem relatively untalkative but he's fun to be around.

가: 날이 이렇게 더운데 집까지 30분이나 걸어가야 해요. 너무 멀어요.
A: It's so hot and I have to walk 30 minutes to get home. It's too far.
나: 그 정도면 가까운 편이지요. 저는 한 시간 이상 걸려요.
B: That's pretty close. It takes me more than an hour to get home.

• **Note**

Action verbs are used together with adverbs that show the degree of something such as '**자주**', '**잘**', '**많이**.'

Lesson 2 School life

<1> I was just about to take a break

Dialogue

Nora: Yuki, there's a personal question I'd like to ask you. Are you busy right now?
Yuki: I'm okay. As a matter of fact, I was just about to take a break.
Nora: I want to work part-time in Korea, but I don't know how to go about finding information.
Yuki: How about trying the school counseling office? If you go into the school website, there's a schedule and information regarding counseling. Just choose a time slot that's available and sign up for counseling.
Nora: Thank you. I'm always just receiving help from you.

Vocabulary List

개인적 personal
상담실 counseling office
가능하다 to be possible
이용하다 to use
그렇지 않아도 as a matter of fact
상담 내용 content of counseling
온라인 상담 online counseling
전화 상담 phone counseling
진학 상담 academic counseling
취업 상담 career counseling
면담하다 to have an interview
의논하다 to discuss
상담 counseling
일정표 schedule
선택하다 to choose

Grammar

1. -으려던/려던 참이었다

• **Meaning and Usage**

This is used after an action verb stem to show that you were thinking of doing something. It is used to express that you happened to do something related to an action you were already considering doing.

• **Examples**

저도 지금 점심을 먹으려던 참이었어요.
I was just about to eat lunch, too.
그렇지 않아도 네게 부탁하려던 참이었어.
As a matter of fact, I was just about to ask you.
저도 커피를 마시려던 참이었어요. 같이 가요.
I was just about to drink coffee, too. Let's go together.
그렇지 않아도 노라 씨한테 연락하려던 참이었어요.
As a matter of fact, I was just about to contact you, Nora.

가: 3시 기차를 타려면 지금 출발해야 될 것 같은데요.
A: I think we need to leave now in order to board the 3 o'clock train.
나: 그렇지 않아도 이제 출발하려던 참이었어요.
B: As a matter of fact, I was just about to leave.

가: 에릭 씨, 지금 통화할 수 있어요?
A: Are you available to talk on the phone right now, Eric?
나: 네, 유키 씨, 저도 유키 씨에게 전화하려던 참이었어요.
B: Yes, Yuki. I was just about to call you.

2. -기만 하다

• **Meaning and Usage**

This is used with an action verb to show that no other action but one is being performed. 'N**을/를 하다**' can also be used interchangeably with 'N**만 하다**'.

• **Examples**

제 친구는 책을 사기만 하고 읽지는 않아요.
My friend only buys books; she never reads them.
아이가 밥도 안 먹고 울기만 해요.
The baby doesn't even eat and only cries.
어제 잠을 못 자서 영화를 볼 때 계속 졸기만 했어요.
I didn't get much sleep last night, so I just kept falling asleep during the movie.
주말에 저는 쉬지도 않고 공부만 했어요.
I had no time to rest; I only studied during the weekend.

가: 어머니께서 요리를 하실 때 마리아 씨도 같이 했어요?
A: Did you help your mother with the cooking, Maria?
나: 아니요, 저는 옆에서 보기만 했어요.
B: No, I just watched from the side.

가: 일요일에 밀린 집안일을 좀 했어요?
A: Were you able to get some overdue chores done on Sunday?
나: 아니요, 너무 피곤해서 쉬기만 했어요.
B: No, I was too tired so I just rested.

Lesson 2 School life

<2> If you want to enjoy your school life, you need to sign up for a club

Dialogue

Hana: What are those people gathered over there doing? It looks so fun.
Senior: It's a photography club. A close friend of mine asked me to join with him so I signed up, too, last year. Are you interested in photography?
Hana: Yes, I was always interested, starting in high school. What kind of activities do you usually do?
Senior: We go throughout the country and take pictures. Then, we organize the pictures that we each took and hold an exhibition once a year.
Hana: Sounds fun. But I'm having a hard time just keeping up with the courses for my major. Do you think I'll be able to juggle club activities, too?
Senior: You'll be busy, but if you want to enjoy your school life, you need to sign up for a club.

Vocabulary List

각자 each
전시회 exhibition
가입하다 to sign up for
돌아다니다 to go around
친하다 to be close
활동하다 to do an activity
국악 Korean traditional music
발표회 presentation
연주회 performance
합창 chorus
회원 member
회장 president
들다[1] to join

Grammar

1. —어야지요/아야지요/여야지요

• **Meaning and Usage**

This is used with an action verb to express a need for the other party or someone else to carry out an action.

• **Examples**

약속을 했으면 지켜야지요.
If you make a promise, you need to keep it.
담배는 밖에 나가서 피워야지.
You need to smoke outside.
2시까지 도착하려면 지금 출발해야지요.
You need to leave now if you want to arrive by 2 p.m.
산에 올라갈 때는 불편한 신발을 신지 말아야지.
You can't wear uncomfortable shoes when climbing a mountain.

가: 요즘 회사일 때문에 잠을 못 자서 너무 피곤해.
A: I'm so tired these days. I don't get much sleep because we're so busy at work.
나: 일이 많아도 무리하지 말고 좀 쉬어야지.
B: Even if you're busy, you shouldn't overdo it. You need to rest.

가: 영수 씨가 저에게만 한 이야기를 실수로 다른 사람에게 말했어요.
A: I accidentally spilled the beans on the secret that Yeongsu only shared with me.
나: 비밀 이야기는 다른 사람에게 말하지 말아야지요.
B: You shouldn't tell others a secret (that's been told to you).

• **Note**

When used in the first person, this is used to express a personal determination or vow that has been made. When used with a descriptive verb about someone or something, it expresses that what is being described must possess a certain quality.

2. —어/아/여 보이다

• **Meaning and Usage**

This is used with a descriptive verb when the speaker is expressing feelings or speculation about someone or something he/she observed.

• **Examples**

더러웠던 방을 청소하니까 방이 넓어 보여요.
The room looks bigger after I cleaned up the mess.
흐엉 씨는 나이보다 어려 보여요.
Huong, you look younger than your age.
요즘 일이 많아요? 피곤해 보여요.
Are you busy these days? You look tired.
어제 친척 결혼식에 갔는데 신랑과 신부가 아주 행복해 보였어요.
I attended a relative's wedding yesterday and the bride and groom looked so happy.

가: 이 영화가 재미있어 보이는데 우리 이 영화를 볼까요?
A: This movie looks fun. Do you want to watch it?
나: 좋아요. 저도 보고 싶었던 거에요.
B: Sure. I've been wanting to watch it, too.

가: 정말 예쁜 케이크네요. 맛있을 것 같아요.
A: It's a really pretty cake. I think it'll be tasty.

나: 네, 저도 맛있어 보여서 샀어요.
B: Yes, I bought it because it looked tasty.

- **Note**

This cannot be used with an action verb.

Lesson 3 Home

<1> Perhaps it's because I've grown accustomed to them, but I like apartments

Dialogue

Eric: Huong, what kind of home do you want to live in if you continue to live in Korea?
Huong: Um, I want to live in a house where I can grow my own garden.
Eric: Won't it be hard to maintain?
Huong: It may be hard to maintain, but I think it'll be nice because it's a space just for our family. We can go out to the garden any time and get a breath of fresh air.
Eric: Perhaps it's because I've grown accustomed to them, but I like apartments. It's also convenient because they come equipped with many different facilities.

Vocabulary List

공간 space　　단독 주택 house
정원 garden　　가꾸다 to grow
갖추다[1] to be equipped with
관리하다 to maintain　　상쾌하다 to be fresh
고층 high-rise
교육 환경 educational environment
자연환경 natural environment
저층 low-rise　　편의시설 convenience facility
편리하다 to be convenient　　환하다 to be bright

Grammar

1. —는다면/ㄴ다면/다면

- **Meaning and Usage**

This is used with an action or descriptive verb when supposing that something will happen. It is used when there is a low possibility of it actually happening.

- **Form**

'**-ㄴ다면**' is used when the action verb stem ends in 'ㄹ' or a vowel and '**-는다면**' is used when it ends in a consonant. '**-다면**' is used after the descriptive verb stem.

Verb stem ending	Combine with	Examples
Consonant (action verb)	-는다면	받는다면, 읽는다면
ㄹ, vowel (action verb)	-ㄴ다면	판다면, 간다면, 잔다면
Descriptive verb	-다면	바쁘다면, 많다면

- **Examples**

마음에 드는 사람을 찾는다면 결혼할 거예요.
If I find someone I like, I'm going to marry him/her.
만약 10억이 생긴다면 집을 사고 싶어요.
If I got a billion dollars, I would want to buy a house.
시험이 없다면 정말 행복할 것 같아요.
If there were no tests, I think I would be so happy.
내가 너라면 담배를 피우지 않겠어.
If I were you, I wouldn't smoke.

가: 뭐든지 만들 수 있다면 뭘 만들고 싶어요?
A: If you could make anything, what would you want to make?
나: 뭐든지 만들 수 있다면 젊어지는 약을 만들고 싶어요.
B: If I could make anything, I would want to make a potion that makes people younger.

가: 과거로 돌아갈 수 있다면 언제로 돌아가고 싶어?
A: If you could go back in time, when would you want to return to?
나: 유치원 때로 돌아가고 싶어. 그때는 친구만 있으면 행복했어.
B: I want to return to kindergarten. Back then, all I needed was friends to be happy.

2. —어서/아서/여서 그런지

- **Meaning and Usage**

This is used with an action or descriptive verb to express the cause or reason why the speaker has made an assumption.

- **Examples**

요즘 과로해서 그런지 자주 머리가 아파요.
Perhaps it's because I'm overworked these days, but my head frequently hurts.
근처에 공원이 있어서 그런지 집값이 비싸요.
Perhaps it's because there's a park nearby, but the houses here are expensive.
요즘 날씨가 더워서 그런지 입맛이 없어요.
Perhaps it's because it's so hot out these days, but I don't have an appetite.
유명한 관광지여서 그런지 비가 와도 사람이 많군요.
Perhaps it's because it's a famous tourist attraction, but there are a lot of people even when it rains.

가: 존 씨는 참 똑똑한 것 같아요.
A: I think John is very smart.
나: 책을 많이 읽어서 그런지 아는 것이 많아요.
B: Perhaps it's because he reads a lot, but he's so well-informed.

가: 이 가방은 디자인은 예쁜데 너무 비싼 것 같아요.
A: The bag's design is very pretty, but I think it's too expensive.
나: 너무 비싸서 그런지 사람들도 구경만 하고 안 사네요.
B: Perhaps it's because it's too expensive, but people just look and don't buy.

Lesson 3 Home

<2> The school can be seen from here, too

Dialogue

Olivia: I like the room because it's spacious and bright. The school can be seen from here, too.
Real estate agent: Yes, the view is great and it's clean since newlyweds were the former residents. There's also good circulation so it's cool.
Olivia: You're sure that there are no problems with the water, air-conditioning, and heating systems, right?
Real estate agent: Of course. If there's a problem, the homeowner will certainly fix it for you, so don't worry.
Olivia: I like the house. When can I move in?
Real estate agent: The house is empty, so as soon as you draw up the contract, you can move in any time.

Vocabulary List

난방 heating
냉방 air-conditioning
부동산 real estate agency
수도 water
신혼부부 newlyweds
통하다 to circulate
확실하다 to be sure
당연히 certainly
걸리다 to take (time)
깨지다 to be broken
꺼지다 to be turned off
꽂히다 to be stuck
끊기다 to be cut off
놓이다 to be placed (somewhere)
닫히다 to be closed
들리다 to be heard
먹히다 to be eaten
바뀌다 to be changed
보이다[1] to be seen
쌓이다 to be accumulated
쓰이다 to be written or used
씻기다[1] to be washed
안기다 to be held
잡히다 to be caught
쫓기다 to be chased
찍히다 to be taken
찢어지다 to be torn
켜지다 to be turned on
팔리다 to be sold

Grammar

1. 피동 Passive Voice

• **Meaning and Usage**

The passive voice is used when a movement or action takes place naturally as a result of an external situation. A verb that serves this function is called a passive verb.

• **Form**

- The passive voice takes the form of an action verb stem followed by '-이-, -히-, -리-, -기-', '-어지다.'

-이-	보이다, 쌓이다, 놓이다, 쓰이다, 바뀌다
-히-	닫히다, 잡히다, 찍히다, 꽂히다, 먹히다
-리-	들리다, 열리다, 걸리다, 팔리다
-기-	끊기다, 씻기다, 쫓기다, 안기다
-어지다	꺼지다, 켜지다, 깨지다, 찢어지다

• **Examples**

올리비아 씨 집에서는 학교가 잘 보여요.
The school can be seen from Olivia's house.
도둑이 경찰에게 잡혔어요.
The thieves were caught by the police.
미라 씨와 통화하고 있었는데 갑자기 전화가 끊겼어요.
I was talking to Mira on the phone when the phone suddenly got cut off.
핸드폰이 고장 난 것 같아요. 버튼을 눌러도 켜지지 않아요.
I think the cell phone is broken. Even if I push the button, it isn't being turned on.

가: 제 이야기가 잘 들리세요?
A: Can you hear me?
나: 잘 안 들려요. 좀 더 크게 말씀해 주세요.
B: Your voice can't be heard clearly. Please speak louder.

가: 미라야, 공책이 바뀌었어. 여기 이게 네 공책이야.
A: Mira, our notebooks were switched. Here's your notebook.
나: 그래? 공책이 똑같아서 바뀐 줄 몰랐어.
B: Really: The notebooks are the same, so I didn't even know they were switched.

2. –어/아/여 있다

• **Meaning and Usage**

This is used with an action verb to show that after an action has been completed, that state is being continued.

- **Examples**

고양이 밥그릇이 비어 있네요.
The cat's food bowl is empty.
책상 위에 교과서가 놓여 있었어요.
The textbook was on the desk.
가방에 무엇이 들어 있었어요?
What was in the bag?
미선 씨 방에 불이 켜져 있네요.
The lights are on in Miseon's room.

가: 미라 씨, 집이 좀 추워요.
A: Mira, your house is a bit cold.
나: 창문이 열려 있는데 닫을까요?
B: The windows are open. Should I close them?

가: 윤아야, 내 모자가 어디에 있지?
A: Yuna, where's my hat?
나: 저기 옷걸이에 걸려 있어.
B: It's hanging on the coat rack over there.

- **Note**

This cannot be used with a descriptive verb or transitive verb and can only be used with an intransitive verb or passive verb in a sentence without an object.

Lesson 4 Daily life

<1> It's better for you to pack your own valuables ahead of time

Dialogue

Eric: I want to find out how much it will cost to move.
Employee: When do you plan to move?
Eric: I haven't decided whether to move at the end of this month or at the start of next month yet. Is the cost likely to change?
Employee: The cost is different for weekdays and weekends. It's bit more expensive on the weekends.
Eric: Do I need to pack everything for the move myself?
Employee: If you choose the packing and moving service, we pack for you. But it's better for you to pack your own valuables ahead of time.

Vocabulary List

비용 **cost**
예정 **plan**
포장 이사 **packing and moving service**
들다[2] **to cost**
챙기다 **to pack or to take**
혹시 **perhaps**
싸다 **to pack**
옮기다 **to move**
잡다 **to set**
정리하다 **to organize**

Grammar

1. -을지/ㄹ지 -을지/ㄹ지

- **Meaning and Usage**

This is used with an action verb to express one's thoughts about what to choose between a list of items.

- **Examples**

저는 친구 결혼식 때 원피스를 입을지 바지를 입을지 생각 중이에요.
I'm still deciding whether to wear a dress or slacks to my friend's wedding.
저는 기숙사에 살지 하숙집에 살지 아직 결정하지 못했어요.
I haven't decided yet whether to live in the dormitory or boarding house.
이번 학기에 역사 수업을 들을지 문화 수업을 들을지 생각하고 있어요.
I'm still debating whether to take the history class or the culture class this semester.
다음 방학 때 고향에 갈지 여행을 갈지 아직 잘 모르겠어요.
I'm not sure whether to visit my hometown or travel during the next vacation.

가: 링링 씨, 졸업 후에 뭘 할 거예요?
A: Ling Ling, what are you going to do after you graduate?
나: 대학원에 갈지 일을 할지 아직 결정하지 못했어요.
B: I haven't decided yet whether to go to graduate school or get a job.

가: 마리아 씨, 여행을 가면 어디에서 잘 거예요?
A: Maria, if you go on vacation, where do you plan to stay?
나: 호텔에서 잘지 친구 집에서 잘지 생각 중이에요.
B: I'm still debating whether to stay at a hotel or at my friend's house.

2. -어/아/여 놓다

- **Meaning and Usage**

This is used with an action verb to show that after an action has been completed, that state is being continued. It can be used with a transitive verb that has an object.

- **Examples**

시원하게 마시려고 냉장고에 음료수를 넣어 놓았어요.
I've put the beverage in the refrigerator so I can drink it cold.
내일 아침에는 시간이 없을 것 같아서 가방을 미리 싸 놓았어요.
I've packed my bags early since I don't think I'll have time tomorrow morning.
휴가철에 여행을 가려면 미리 기차표를 예매해 놓아야 해요.
You have to buy your train ticket in advance in order to travel during the vacation season.

이제 요리를 시작할 테니까 재료들을 꺼내 놓으세요.
Please have your ingredients out since we will begin cooking.

가: 내일이 노라 씨 생일인데 케이크는 준비했어요?
A: Tomorrow is Nora's birthday. Have you prepared the cake?
나: 네, 제가 만들어 놓았어요.
B: Yes, I've baked it.

가: 저한테 전화 온 거 없어요?
A: Have there been any calls for me?
나: 책상 위를 보세요. 제가 메모해 놓았어요.
B: Look on your desk. I've made memos of your calls.

Lesson 4 Daily life

<2> She said we have to throw out the recyclables on Wednesdays

Dialogue

Letao: Huh? Isn't that the trash we left outside the door yesterday? Why are you bringing it back in?
Andy: I met the boarding house owner in my way home and she said we can't throw out the trash like this, so I brought it back in.
Letao: Then how did she say we should take out the trash?
Andy: She said we have to throw out the recyclables on Wednesdays.
Letao: Really? Oh, so we can't throw it out at any time.
Andy: That's right. And she said to separate the papers with the bottles and plastics. She said we have to pay a fine if we don't separate the recyclables correctly.

Vocabulary List

벌금 **fine**
재활용품 **recyclables**
버리다 **to throw away**
제대로 **correctly**
종량제 봉투 **standard plastic trash bag**
음식물 쓰레기 **food trash**
형광등 **fluorescent light**
치우다 **to clean**
비닐 **plastic**
두다 **to leave**
따로따로 **separately**
건전지 **battery**
일반 쓰레기 **(non-food) trash**
가득하다 **to be full**

Grammar

1. —는대요/ㄴ대요/대요

• Meaning and Usage

This is the shortened version of '**-는다고 해요**' and is used with an action or descriptive verb to restate something that someone else has said.

• Form

'**-ㄴ대요**' is used when an action verb stem ends with 'ㄹ' or a vowel and '**-는대요**' is used when it ends in a consonant. '**-대요**' is used after a descriptive verb stem.

Action or descriptive verb stem ending	Combine with	Examples
Consonant (action verb)	-는대요	받는대요, 읽는대요
ㄹ, vowel (action verb)	-ㄴ대요	판대요, 간대요, 잔대요
Descriptive verb	-대요	바쁘대요, 많대요

• Examples

에릭 씨가 다음 달에 고향에 돌아간대요.
Eric says he's going to return to his hometown next month.
고향 친구한테서 어제 전화가 왔는데 저에게 잘 지내고 있내요.
I received a call from my hometown friend and he asked me if I'm doing well.
윤아 씨가 내일 날씨가 추우니까 따뜻한 옷을 입고 오래요.
Yuna said to dress warmly tomorrow since it's going to be cold.
친구가 주말에 시간이 있으면 같이 놀러 가재.
My friend said she wants to spend time with me on the weekend if I have time.

가: 유키 씨가 왜 아직 안 오지요?
A: Why isn't Yuki here yet?
나: 아까 연락이 왔는데 조금 늦는대요.
B: She called a little while ago and said she was going to be a bit late.

가: 조금 전에 리타오가 뭐라고 했어?
A: What did Letao say a minute ago?
나: 오늘 점심을 같이 먹재.
B: He wants to eat lunch together today.

• Note

The shortened versions of '**-냐고 해요**', '**-자고 해요**', '**-으라고 해요**' are '**- 요**', '**-재요**', '**-으래요**.' '**-이래요**' is the shortened version of 'noun+**이라고 해요**.'

2. 아무

• Meaning and Usage

This is used before a noun to express that a specific person or thing has not yet been designated.

- **Examples**

여기는 아무나 들어갈 수 있어요?
Can anyone come in here?

이번 주는 한가하니까 아무 때나 연락하세요.
I'm not busy this week so you can call any time.

목이 마르니까 마실 것이 있으면 아무거나 주세요.
I'm so thirsty. If you have anything to drink, please give it to me.

검은색 구두는 아무 옷에나 다 잘 어울려요.
Black shoes go well with any outfit.

가: 내일 파티에 무슨 옷을 입고 가야 돼요?
A: What do I need to wear to tomorrow's party?
나: 중요한 자리가 아니니까 아무 옷이나 입어도 돼요.
B: It's not an important event, so just wear anything.

가: 오늘 한 귀걸이가 정말 예쁘다. 학교 앞에서 샀어?
A: Your earrings today are really pretty. Did you buy them in front of the school?
나: 아니, 이건 디자이너가 직접 만든 거라서 아무 데서나 팔지 않아.
B: No, a designer handmade them, so they don't just sell them anywhere.

- **Note**

This is used in the form '**아무 ~이나/나**'.

Lesson 5 Food and Cooking

<1> (As you know) It hasn't been very long since I came to Korea

Dialogue

Daniel: I visited my girlfriend's parents last weekend and made a huge mistake because I don't know (Korean) mealtime etiquette. I think I made a bad first impression.
Yuna: What did you do that you're fretting so much?
Daniel: Because I blew my nose during the mealtime, everyone was so surprised that they all turned to look at me. I was taken aback and embarrassed.
Yuna: In Korea, we don't blow our nose during mealtimes, but you didn't know that.
Daniel: (As you know) It hasn't been very long since I came to Korea. So I still don't even know the basic etiquette.
Yuna: Don't worry. They'll understand because you're a foreigner.

Vocabulary List

기본적 **basic**	첫인상 **first impression**
놀라다 **to be surprised**	당황스럽다 **to be taken aback**
창피하다 **to be embarrassed**	
찾아뵈다 **to visit**	쳐다보다 **to look at**
깜짝 **with surprise**	겨우 **only; just**
결국 **ultimately**	괜히 **uselessly**
되게 **very**	잔뜩 **to the full**
차츰 **little by little**	하도 **so much**

Grammar

1. –었더니/았더니/였더니

- **Meaning and Usage**

This is used with an action verb to state the outcome or realization resulting from an action performed by the speaker in the past. It is also used to express the reaction of others in response to that action.

- **Examples**

제가 오랜만에 고향에 갔더니 친구들이 모두 떠나고 없었어요.
Because I visited my hometown for the first time in a long time, all my friends had all left.

오늘 아침에 음식을 급하게 먹었더니 소화가 잘 안돼요.
Because I ate so quickly this morning, I'm having a hard time digesting the food.

제가 노래를 불러 줬더니 여자 친구가 행복해 했어요.
My girlfriend was happy because I sang a song for her.

제가 하늘 씨한테 물어봤더니 하늘 씨도 모른대요.
I asked Haneul, but he said he didn't know either.

가: 에릭 씨, 어디 아프세요?
A: Eric, are you feeling sick?
나: 며칠 과로했더니 병이 났어요.
B: I got sick because I overworked myself for a few days.

가: 링링 씨, 이사할 때 도와줄 사람은 있어요?
A: Ling Ling, is anyone helping you during the move?
나: 네, 제가 다음 주말에 이사한다고 했더니 친구들이 도와주겠대요.
B: Yes. I said that I was moving next weekend, so my friends said they would help me.

- **Note**

The subject of the preceding sentence is usually in the first person.

This cannot be used with a descriptive verb.

2. –잖아요

- **Meaning and Usage**

This is used with an action or descriptive verb when the

speaker is repeating what he/she has already said or if the statement is simply being made to confirm what the other party already knows.

- **Examples**

잊어버렸어요? 제가 아까 말했잖아요.
Have you forgotten? I told you earlier.
레오 씨가 요리를 잘하잖아요.
(As you know) Leo is a good cook.
우리 학교 시험이 좀 어렵잖아요.
(As you know) Our school's exams are a bit hard.
내일부터 연휴잖아요.
(As you know) Starting tomorrow, we have consecutive holidays.

가: 걱정했는데 시험을 잘 봤어.
A: I was worried, but I did well on the exam.
나: 내가 걱정하지 말라고 했잖아.
B: Didn't I say you had nothing to worry about?

가: 왜 이렇게 열심히 공부해요?
A: Why are you studying so diligently?
나: 다음 주에 시험이 있잖아요.
B: (As you know) There's a test next week.

Lesson 5 Food and Cooking

<2> Is it true that it has a lot of nutrition?

Dialogue

Chef: Today, we're going to use simple ingredients that are inside the refrigerator to make bibimbap, a dish anyone can make.
Heidi: Teacher, is it true that bibimbap has a lot of nutrition?
Chef: Yes, that's because it's a dish where you can eat even amounts of different vegetables and meat all at once.
Heidi: Can people who are not very good at cooking make it, too?
Chef: Of course. You just need to stir-fry the ingredients that you took out of the refrigerator and then mix it with marinade. Shall we begin?

Vocabulary List

영양 nutrition	간단하다 to be simple
서투르다 to not be good at	풍부하다 to be abundant
골고루 evenly	한꺼번에 all at once
간식 snack	끼 number of meals
야식 late night snack	인스턴트식품 instant foods
조리 시간 cooking time	간편하다 to be convenient
굶다 to starve	

Grammar

1. –고 나서

- **Meaning and Usage**

This is used with an action verb to show that after an action is completed, another action follows.

- **Examples**

저는 어제 영화를 보고 나서 늦게 저녁을 먹었어요.
After watching a movie yesterday, I ate a late dinner.
미선 씨, 우리 밥 먹고 나서 커피를 마시러 학교 앞 커피숍에 갈까요?
Miseon, should we go to the coffee shop in front of the school to get a cup of coffee after we eat?
저는 책을 읽고 나서 영화를 보니까 이해하기가 쉬웠어요.
It was easy for me to understand the story because I watched the movie after reading the book.
노라가 가고 나서 올리비아가 왔어요.
Olivia arrived after Nora left.

가: 미즈키, 우리 영화부터 보고 나서 밥을 먹을까?
A: Mizuki, why don't we eat after watching the movie?
나: 나는 지금 배가 많이 고파. 먼저 밥부터 먹자.
B: I'm so hungry right now. Let's eat first.

가: 엄마, 저 한 시간만 게임해도 돼요?
A: Mom, can I play games for just one hour?
나: 숙제 먼저 다 하고 나서 게임해라.
B: Play your game after you finish your homework.

- **Note**

This cannot be used with a descriptive verb.
When using '**가다, 오다**', the subjects in the preceding sentence and the subsequent sentence must be different.

2. –는다면서요/ㄴ다면서요/다면서요?

- **Meaning and Usage**

This is used with an action or descriptive verb to ask to confirm with the other party what the speaker has heard somewhere else.

- **Form**

'**-ㄴ다면서요**?' is used when the action verb stem ends in 'ㄹ' or a vowel and '**-는다면서요**?' is used when it ends in a consonant. '**-다면서요**?' is used after a descriptive verb stem.

Verb stem ending	Combine with	Examples
Consonant (action verb)	-는다면서요	찍는다면서요? 받는다면서요?
ㄹ, vowel (action verb)	-ㄴ다면서요	판다면서요? 간다면서요? 모른다면서요?
Descriptive verb	-다면서요	춥다면서요? 예쁘다면서요?

• **Examples**

요즘 이튼 씨 회사에서 드라마를 찍는다면서요?
Is it true that a drama series is being filmed at your company these days, Ethan?
서울 타워에서 보이는 경치가 그렇게 멋있다면서요?
Is it true that the view from Seoul Tower is amazing?
영화 '그 날'에 나오는 남자 배우가 우리 학교 학생이라면서요?
Is it true that the actor who comes out in the movie "That Day" is a student from our school?
미키 씨, 어렸을 때 한국에서 살았다면서요?
Miki, is it true that you lived in Korea when you were younger?

가: 우리 학교에 '남자친구들'이 공연하러 온다면서요?
A: Is it true that "Boyfriends" is coming to perform at our school?
나: 네, 저도 아까 들었어요. 정말 기대가 돼요.
B: Yes, I heard that, too. I'm so excited.

가: 왕명 씨, 이번 방학에 고향에 간다면서요?
A: Wang Ming, is it true that you're going to visit your hometown during the break?
나: 네, 어떻게 아셨어요?
B: Yes, how did you know?

Lesson 6 Hospital

<1> I keep coughing, even after taking medication

Dialogue

Youngmin: Eric, you're not over your cold yet?
Eric: No, I keep coughing, even after taking medication. I've never been sick from the cold this long, and it's hard.
Youngmin: Why don't you get it checked out at the hospital?
Eric: I think I need to. My Korean is not very good, so I'd like to get a check-up at the International Health Care Center. Do you think they'll take appointments today?
Youngmin: I don't think same-day appointments are possible. First, give them a call and see which dates are available.
Eric: All right. It's easy to catch a cold these days because of the drop in temperature in the mornings and evenings. Yeongmin, you should take care, too.

Vocabulary List

국제 진료 센터 **International Health Care Center**
기온 **temperature**
당일 **same-day**
아침저녁 **mornings and evenings**
진찰 **medical check-up**
내려가다 **to go down**
앓다 **to be sick with**
수납 **payment**
식후 **after meals**
접수 **registeration**
진찰실 **treatment room**
처방전 **prescription**
체온 **body temperature**
체중 **weight**
복용하다 **to intake**

Grammar

1. -는데도/은데도/ㄴ데도

• **Meaning and Usage**

This is used with an action or descriptive verb to show that regardless of the content in the preceding sentence, the subsequent result followed.

• **Form**

'**-는데도**' is used with action verbs including '**있다**' and '**없다**' after the verb stem. '**-은데도**' is used when the descriptive verb stem ends with a consonant and '**-ㄴ데도**' is used when it ends with a vowel.

• **Examples**

저는 날마다 운동을 하는데도 건강이 별로 좋아지지 않아요.
Even though I exercise every day, my health is not improving.
날씨가 추운데도 공원에 운동하는 사람들이 많아요.
Although the weather is cold, there are a lot of people exercising in the park.
평일인데도 극장에 사람들이 많았어요.
There were a lot of people at the theater, even though it was a weekday.
저는 주말에 푹 쉬었는데도 감기가 낫지 않아서 병원에 갔다 왔어요.
Even though I rested all weekend, my cold didn't get better so I went to the hospital.

가: 영수 씨, 요즘도 테니스 연습을 열심히 하고 있어요?
A: Yeongsu, do you still practice tennis diligently these days?
나: 네, 하지만 날마다 연습을 하는데도 실력이 늘지 않아요.
B: Yes, but even though I practice every day, my skills don't improve.

가: 오늘은 날씨가 정말 춥지요?
A: It's really cold today, isn't it?

나: 네, 두꺼운 코트를 입고 있는데도 추워서 몸이 떨려요.
B: Yes. Even though I'm wearing a thick coat, it's still cold so I'm shivering.

2. -기가 쉽다

- **Meaning and Usage**

This is used with an action verb to show that there is a high likelihood of something happening.

- **Examples**

계절이 바뀌는 때에는 감기에 걸리기가 쉬워요.
It's easy to catch a cold when the seasons change.

유리 제품은 깨지기가 쉬워요.
Glass products are easily broken.

틀리기가 쉬운 문제를 공책에 써 놓았어요.
I wrote down the test questions that are easy to get wrong in my notebook.

비가 온 후라서 뛰면 넘어지기가 쉽겠어요. 천천히 갑시다.
It seems like it would be easy to slip and fall since it just rained, so let's take our time.

가: 요즘 회사 일 때문에 너무 바빠서 동창회 날짜를 잊어버렸어.
A: I've been so busy at work lately that I forgot the date of our reunion.
나: 바빠서 기억을 못 했구나. 잊어버리기가 쉬운 날짜는 메모해 놓는 게 좋아.
B: Oh I see. You forgot because you were so busy. You should write down dates that are easy to forget.

가: 주말이라서 그런지 사람도 많고 길이 정말 복잡하네요.
A: Perhaps it's because it's the weekend, but there are a lot of people and the streets are really crowded.
나: 너무 복잡해서 길을 잃기가 쉽겠어요. 지도를 보면서 갑시다.
B: It seems like it'll be easy to get lost because it's so complicated. Let's look at the map and find our way there.

Lesson 6 Hospital

<2> How long will it take to fully recover?

Dialogue

Doctor: What brings you here today?
Juang: I fell while playing soccer and sprained my ankle. I thought it would be fine, but it's more swollen than before.
Doctor: Let's take a look. It's severely swollen.
Juang: How long will it take to fully recover?
Doctor: You'll recover in no time if you stop moving and get plenty of rest. Still, just in case there's something wrong with the bone, let's take an x-ray.
Juang: It's really painful. Can you prescribe some painkillers for me?
Doctor: Yes, I will. Take them only when there's pain.

Vocabulary List

발목 ankle	뼈 bone
엑스레이 x-ray	진통제 painkiller
회복 recovery	삐다 to sprain
처방하다 to prescribe	
촬영하다 to take a photograph or to film	
안과 ophthalmology	여드름 pimples
정형외과 orthopedics	증상 symptoms
피부과 dermatology	가렵다 to be itchy
쓰러지다 to collapse	어지럽다 to be dizzy

Grammar

1. -을지도/ㄹ지도 모르다

- **Meaning and Usage**

This is used with an action or descriptive verb to speculate about a certain situation. It is used when the speaker is not entirely sure.

- **Examples**

날씨가 추운데 친구가 밖에서 기다릴지도 몰라서 서둘러서 나왔어요.
I rushed just in case my friend might be waiting outside in the cold.

오늘은 늦을지도 모르니까 기다리지 마세요.
Don't wait up, I might be late today.

그 공연은 인기가 많아서 늦게 가면 자리가 없을지도 몰라요.
That performance is so popular that if we go late, there may not be any seats left.

신청 기간이 끝났을지도 모르니까 다시 확인해 보세요.
The registration period may be over, so you should check again.

가: 올리비아 씨가 계속 전화를 안 받아요.
A: Olivia isn't picking up her phone.
나: 자고 있을지도 몰라요.
B: She might be sleeping.

가: 지금 학교에 가면 선생님을 만날 수 있을까?
A: If I go to school now, can I meet with the teacher?
나: 안 계실지도 모르니까 먼저 연락을 드려 보자.
B: She may not be there, so give her a call first.

2. -으려면/려면[2]

- **Meaning and Usage**

This is used with an action verb to plan in advance something that will happen in the future. It is used to express a situation where the will or intent of the subject is not clearly stated.

• **Examples**

밥이 다 되려면 10분 남았다.

There are 10 minutes left until the rice is ready.

이 나무에 꽃이 피려면 아직 멀었어요.

It's too soon for the flowers on these trees to bud.

집에 도착하려면 지금부터 1시간은 더 가야 돼요

We need to go an hour from now to arrive at home.

다친 팔이 다 나으려면 앞으로 2주 더 치료를 받아야 한다.

In order for your arm to heal completely, you'll need to be treated two more weeks.

가: 회의 전에 잠깐 감기약을 사러 약국에 가고 싶은데 시간이 될까?

A: I want to stop by the pharmacist to pick up some cold medication before the meeting. Do you think I'll be able to make it?

나: 회의가 시작되려면 30분 정도 더 있어야 하니까 빨리 갔다 와.

B: You should hurry up since the meeting will start in about 30 minutes.

가: 저기요, 저희가 주문한 음식은 언제 나오나요?

A: Excuse me, when will our food be ready?

나: 죄송합니다. 오늘 손님이 많아서 음식이 나오려면 좀 더 기다리셔야 합니다.

B: I'm sorry. We have a lot of customers today, so you'll have to wait a little longer for your food to come out.

• **Note**

This is used with action verbs that express the changes that arise through the passage of time or the natural course of events, such as **'되다'**, **'뜨다'**, **'피다'**, **'끝나다'**.

Lesson 7 Cultural pastime

<1> It's probably already sold out

Dialogue

Anna: My younger sister keeps telling me to take her to watch the movie that's currently showing called "With Me." Do you think tickets are available?

Yuki: That movie is so popular these days. Since today's the weekend, movie tickets are probably already sold out. Why didn't you purchase tickets in advance?

Anna: I tried to pre-purchase tickets online yesterday, but it was a bit hard, so I couldn't.

Yuki: If you try it, it's not very hard at all. You can look at the show times and dates, as well as available seating and conveniently purchase tickets.

Anna: Then, I'm sorry to have to ask you this, but could you help me buy tickets for next week?

Vocabulary List

일시 **date and time**	좌석 **seats**
대단하다 **to be great**	매진되다 **to be sold out**
상영하다 **to show or put on the screen**	
그리 **not very**	경기장 **stadium**
공연장 **performance hall**	관람객 **audience**
상영관 **theater**	경기하다 **to play a match**
공연하다 **to perform**	관람하다 **to watch**

Grammar

1. 이라든가/라든가

• **Meaning and Usage**

This is used after a noun when giving two or more examples. It is used in the form **'이라든가/라든가 _같은** N'.

• **Examples**

비빔밥이라든가 삼계탕 같은 한국 음식이 건강에 좋아요.

Korean foods like bibimbap or samgyetang are good for the health.

아이들은 초콜릿이라든가 사탕 같은 단맛이 나는 것을 좋아해요.

Children like sweets like chocolate or candy.

테니스라든가 배드민턴 같은 공을 가지고 하는 운동을 해 보세요.

Try a sport you can play with a ball like tennis or badminton.

주말이라든가 공휴일 같은 쉬는 날에는 보통 가족들과 시간을 보내요.

I usually spend days that I have off like weekends or holidays with my family.

가: 일요일 오후에는 보통 뭘 하세요?

A: What do you usually do on Sunday afternoon?

나: 빨래라든가 청소 같은 집안일을 해요.

B: I usually do household chores like the laundry or cleaning.

가: 요즘 일 때문에 너무 스트레스를 받아요.

A: These days, I have so much stress from work.

나: 노래방이라든가 놀이공원 같은 스트레스를 풀 수 있는 곳에 가는 게 어때요?

B: Why don't you try going to places that can help you relieve stress like noraebangs or amusement parks?

2. -었을/았을/였을 것이다

• **Meaning and Usage**

This is used with an action or descriptive verb when speculating about a situation or action that has already taken place.

• **Examples**

지금 3시니까 영화가 끝났을 거예요.
It's 3 p.m, so the movie is probably over already.

봉봉 케이크는 인기가 많아서 벌써 다 팔렸을 거예요.
That type of cake is really popular. It's probably already all sold out.

나오 씨는 오늘 저녁에 친구와 약속이 있다고 했어요. 아마 식사를 했을 거예요.
Nao said she had an appointment with a friend tonight. I'm sure she already ate.

우진 씨가 도와주지 않았으면 에릭 씨 혼자 정말 힘들었을 거예요.
It would have been so hard for Eric on his own if Woojin hadn't helped out.

가: 메리 씨가 소포를 받았겠지요?
A: Mary probably received the package, right?
나: 보통 미국까지 나흘 정도 걸리잖아요. 아직 못 받았을 거예요.
B: It usually takes four days for a delivery to be made to the U.S. I don't think she received it yet.

가: 유아 씨가 집에 도착했을까요?
A: Do you think Yuna arrived at home?
나: 출발한 지 한 시간이나 지났으니까 집에 도착했을 거예요.
B: It's been an hour since she left. I'm sure she arrived at home.

Lesson 7 Cultural pastime

<2> This musical must be very popular

Dialogue

Yuki: How was the performance today?
Eric: The cast's acting was superb. And their singing abilities were excellent.
Yuki: It was a really good performance. I was especially touched during the final scene.
Eric: Me, too. The male protagonist expressed so well that he was leaving for the happiness of the woman he loves.
Yuki: By the way, weren't there a lot of foreigners in the audience today? I guess this musical is popular among foreigners, too.
Eric: I hope it becomes really well-known and becomes a world-famous musical.

Vocabulary List

감동 **inspiration**
세계적 **world-class**
연기 **acting**
주인공 **protagonist**
알려지다 **to become known**
표현하다 **to express**
훌륭하다 **to be superb or excellent**
감동적 **to be touching**
대사 **lines**
무대 **stage**
작품 **work of art**
주제 **theme**
환상적 **fantastic**
신나다 **to be excited**
지루하다 **to be boring**

Grammar

1. -나/은가/ㄴ가 보다

• **Meaning and Usage**

This is used with an action or descriptive verb when a speaker assumes that something is a certain way from what he/she has seen.

• **Form**

'**-나 보다**' is used with action verbs including '**있다**' and '**없다**' after the verb stem. '**-ㄴ가 보다**' is used when the descriptive verb stem ends with a vowel or 'ㄹ' and '**-은가 보다**' is used when it ends with a consonant.

Verb stem ending	Combine with	Examples
Action verb, 있다, 없다	-나 보다	듣나, 있나, 없나 보다
Consonant (descriptive verb)	-은가 보다	많은가, 좋은가 보다
ㄹ, vowel (descriptive verb)	-ㄴ가 보다	먼가, 바쁜가, 아픈가 보다

• **Examples**

노라 씨에게 연락했는데 전화를 안 받아요. 벌써 자나 봐요.
I called Nora, but she wouldn't pick up. Maybe she's already sleeping.

주앙 씨가 오늘도 학교에 안 왔어요. 많이 아픈가 봐요.
Juang didn't come to school again today. He must be really sick.

유키 씨 옆에 있는 여자가 유키 씨와 똑같이 생겼어요. 동생인가 봐요.
The woman next to Yuki looks exactly like her. She must be her sister.

벌써 그 많은 음식을 다 먹었어? 정말 배가 고팠나 보네.
You've already finished all that food? You must have been very hungry.

가: 식당 앞에 사람들이 길게 줄을 서 있어요.
A: There's a long line in front of that restaurant.
나: 이 식당 음식이 정말 맛있나 봐요.
B: The food there must be really delicious.

가: 저 두 사람에게 무슨 일이 있었어?
A: Did something happen between them?

나: 하루 종일 서로 말을 안 해. 싸웠나 봐.
B: They haven't spoken to each other all day. They must have had an argument.

2. -는다고/ㄴ다고/다고 생각하다

• **Meaning and Usage**

This is used with an action or descriptive verb when the speaker is expressing his/her opinion on something. It expresses that he/she is thinking a certain way.

• **Form**

'-ㄴ다고 생각하다' is used when the action verb stem ends with 'ㄹ' or a vowel and '-는다고 생각하다' is used when it ends with a consonant. '-다고 생각하다' is used after a descriptive verb stem.

Verb stem ending	Combine with	Examples
Consonant (action verb)	-는다고 생각하다	죽는다고 생각하다 닫는다고 생각하다
ㄹ, vowel (action verb)	-ㄴ다고 생각하다	안다고 생각하다 사과해야 한다고 생각하다
Descriptive verb	-다고 생각하다	예쁘다고 생각하다 좋다고 생각하다

• **Examples**

저는 리에 씨가 잘못했으니까 리에 씨가 먼저 사과해야 한다고 생각해요.
I think that Rie needs to apologize first because she's the one who made the mistake.

나는 기차로 가는 것보다 버스로 가는 게 더 낫다고 생각하는데 어때?
I think it's better to go by bus than train. What do you think?

회사를 선택할 때 제일 중요한 것은 회사의 분위기라고 생각합니다.
I think that the company culture is most important when choosing which company to work for.

나는 제임스가 거짓말을 했다고 생각해.
I think James was lying.

가: 열심히 공부하는데도 한국어 실력이 늘지 않아서 걱정이야.
A: I'm worried because my Korean isn't improving, even though I'm studying hard.
나: 혼자 공부하는 것도 좋지만 한국 사람들과 많이 이야기하는 게 중요하다고 생각해.
B: I think it's good to study alone, but it's more important that you talk to a lot of Korean people.

가: 중학생이 화장을 하는 것은 나이에 맞지 않기 때문에 하면 안 된다고 생각합니다.
A: I don't think it's appropriate for middle school students to wear make-up because it's not fit for their age.
나: 저는 화장을 하면 안 되는 나이는 없다고 생각합니다.
B: I don't think there's a set age you need to be in order to wear make-up.

Lesson 8 Lifestyle habits

<1> My mom always made me stick to set meal times

Dialogue

Nora: I'm having a hard time digesting my food and I don't have any energy.
Yuki: You need to eat properly. That's because you keep substituting snacks instead of eating a proper meal.
Nora: I never plan to, but it doesn't always go as planned. Maybe it's because my life is so irregular these days, but I don't even have an appetite.
Yuki: You need to first change your dietary habits to be more routine.
Nora: I really should. Back home, my mom always made me stick to set meal times. Now that I live alone, I just eat whenever I want.

Vocabulary List

규칙적 routine
기운 energy
습관 habit
식욕 appetite
불규칙하다 to be irregular
대충 haphazardly
뜻대로 according to plan
과식 overeating
과음 excessive drinking
금연 no smoking
금주 no drinking
소식 light eating
음주 drinking
편식 be picky (about food)
흡연 smoking
게으르다 to be lazy
끊다 to quit
부지런하다 to be hard-working

Grammar

1. -는 대신에

• **Meaning and Usage**

This is used with an action verb to show that the second action is substituting the first action. It is also used to express that the second action is compensation for the first action.

• **Examples**

주변이 시끄러워서 전화를 하는 대신에 문자 메시지를 보냈어요.

It was so noisy that instead of making a phone call, I sent a text message.

시간이 없어서 극장에 가는 대신에 집에서 영화를 봤어요.
I didn't have time, so instead of going to the theater, I watched a movie at home.

미선 씨가 제 일을 도와주는 대신에 저는 미선 씨에게 저녁을 사 드릴게요.
In return for you helping me with my work, Miseon, I'll buy you dinner.

오늘 우진 씨가 바빠서 우진 씨 대신에 제가 왔어요.
Woojin is busy today so I came here today instead of him.

가: 우진 씨, 일요일에도 출근하세요?
A: Woojin, do you go to work on Sundays, too?
나: 네, 하지만 일요일에 일하는 대신에 월요일에는 쉽니다.
B: Yes, but in return for working on Sundays, I get Mondays off.

가: 우리 언어 교환을 할까요?
A: Should we do a language exchange?
나: 좋아요, 리에 씨가 저에게 일본말을 가르쳐 주는 대신에 저는 리에 씨에게 한국말을 가르쳐 드릴게요.
B: Sounds good. In return for you teaching me Japanese, Rie, I'll teach you Korean.

- **Note**

It can be used in the form 'N **대신에**'.

'Descriptive verb+은/ㄴ **대신에**' is used when connecting conflicting preceding and subsequent contents.

2. —게 하다

- **Meaning and Usage**

This is used with an action verb when the speaker is instructing someone to do something or induces someone to be in a certain state.

- **Examples**

친구가 저를 화나게 했어요.
My friend made me angry.

어렸을 때 어머니가 식사 전에 꼭 손을 씻게 하셨어요.
When I was younger, my mom always made me wash my hands before meals.

아이들이 밖에 나가서 놀게 해 주세요.
Let the children play outside, please.

우리 회사는 건물 안에서 담배를 피우지 못하게 합니다.
Our company doesn't let employees smoke inside the building.

가: 손님, 기다리게 해서 죄송합니다.
A: Sir, I'm sorry for making you wait.
나: 괜찮아요. 별로 오래 안 기다렸어요.
B: No problem. I haven't been waiting that long.

가: 우리 아이가 게을러서 걱정이에요.
A: I'm worried because my child is so lazy.
나: 아이가 스스로 방을 청소하게 하세요. 그럼 부지런해질 거예요.
B: Make him clean his own room. Then, he will become more industrious.

- **Note**

This cannot be used with a descriptive verb.

Lesson 8 Lifestyle habits

<2> Exercising is great. You should try it, too, Ethan

Dialogue

Mark: Ethan, are you sick? You don't look very well.
Ethan: Maybe it's because of the stress, but I'm constantly tired. I know I should work out, but I just can't make the time, so I haven't even been able to exercise.
Mark: I signed up at the new gym on the third floor of our company building.
Ethan: Really? I've been so swamped that I didn't even realize that there was a new gym.
Mark: I've been exercising after work and it's great. You should try it too, Ethan.
Ethan: I want to exercise, too, but these days, there's so much to do that I've been working late into the night. I guess I should at least take some nutritional supplements to appropriately manage my health for now.

Vocabulary List

안색 complexion
영양제 nutritional supplements
헬스클럽 gym
내다 to make time
밤늦게 late at night
적당히 appropriately
정신없이 busily
운동 부족 lack of exercise
근육이 생기다 to develop muscles
살이 빠지다 to lose weight 살이 찌다 to gain weight
운동량이 늘다 to have an increase exercise amount
피로가 쌓이다 to have an increase in fatigue
피로가 풀리다 to have less fatigue

Grammar

1. —으면서도/면서도

- **Meaning and Usage**

This is used with an action or descriptive verb when the following content contrasts with the preceding content.

• Examples

미아 씨는 노래를 잘 하면서도 못한다고 해요.
Mia is good at singing, but she says she isn't.
저는 과식이 건강에 안 좋은 줄 알면서도 항상 많이 먹어요.
I know that overeating is bad for the health, but I always eat a lot.
이 옷은 가벼우면서도 따뜻해서 추울 때 자주 입어요.
I often wear this in the winter because it's light but warm.
노라 씨는 다이어트 중이라서 밥을 안 먹었으면서도 먹었다고 말했어요.
Nora is dieting, so she said she had eaten when in fact, she hadn't.

가: 노라 씨, 언니하고 또 싸웠어요?
A: Nora, did you fight with your sister again?
나: 싸우면 안 되는 줄 알면서도 화가 나서 참지 못했어요.
B: I know I shouldn't, but I just can't keep my anger in.

가: 패티 씨가 이번 시험에서 92점을 받았다면서요?
A: I heard Patty got a 92 on her test.
나: 네, 그런데 패티 씨는 시험을 잘 봤으면서도 못 봤다고 하네요.
B: Yes, but even though she did well, she says she didn't.

• Note

The first and second clauses must share the same subject and the intent of the subject must be included in the sentence.

2. —던데

• Meaning and Usage

This is used with an action or descriptive verb when the speaker is giving a piece of advice, offering a recommendation, or asking a question, based on his/her own experience.

• Examples

미선 씨, 민주 백화점에서 세일을 하던데 같이 갈래요?
Miseon, I saw Minju Department Store is having a sale. Would you like to go?
주말에는 놀이공원에 사람이 많던데 평일에 가세요.
There are a lot of people at the amusement park on the weekends, so you should go on a weekday.
교회 앞에 식당이 새로 생겼던데 오늘은 거기에 가자.
I saw there's a new restaurant in front of the church, so let's go there today.
또와 치킨이 참 맛있던데 노라 씨도 먹어 봤어요?
Ddowa Chicken is so delicious. Have you eaten there, Nora?

가: 설악산에는 등산하기가 좀 힘들던데 가 보셨어요?
A: Seoraksan is hard to climb. Have you been there?
나: 아니요, 아직 설악산에는 안 가 봤어요.
B: No, I haven't been to Seoraksan yet.
가: 오랜만에 친구를 보기로 했는데 어디에서 만나면 좋을까?
A: I decided to see my friend for the first time in a long time. Where should I meet him?
나: 지하철 역 앞에 커피숍이 새로 생겼던데 거기에 가 봐.
B: There's a new coffee shop in front of the subway station. Give it a try.

• Note

If the action verb is in the first part of the sentence, a first-person subject cannot be used.

Lesson 9 Problem and solution

<1> I left it on the top shelf and got off

Dialogue

Eric: This morning, I left my bag on the top shelf of the subway train and got off. What should I do?
Woojin: I had the same experience when I was on my way to work and got off in a rush. I went to the Station Office and they told me about the subway lost-and-found center website.
Eric: Can I find lost items on the website?
Woojin: Yes, you can check if your lost belonging has turned up. I almost lost an important document and that would have been disastrous if I hadn't retrieved it. But thankfully, I was able to find it by looking at the pictures that were posted.
Eric: Really? I should quickly take a look.

Vocabulary List

선반	top shelf	역무실	Station Office
유실물 센터	lost-and-found center		
큰일	big trouble	어떡하다	what to do
급히	in a rush	다행히	fortunately
부상	injury	비상벨	emergency bell
안전띠	safety belt	틈	gap
갇히다	to get locked in		
끼이다	to be jammed between		
당하다	to get (injured)	빠지다[1]	to fall into

Grammar

1. -고서

• Meaning and Usage

This is used with an action verb to express the sequence of events, with the second action following the first action. This can be changed to '-고.'

- **Examples**

카드를 넣고서 비밀번호를 누르세요.
Put in your card and then input your PIN.

저는 컴퓨터를 켜고서 필요한 정보를 검색했어요.
I turned on the computer and searched for the necessary information.

어제 저는 친구들과 빨간색 옷을 입고서 축구 경기를 보러 갔어요.
My friends and I dressed in red yesterday and went to watch the soccer game.

저는 친구가 하는 이야기를 듣고서 깜짝 놀랐어요.
I was surprised upon hearing my friend's story.

가: 마리아 씨는 지금 뭘 해요?
A: What is Maria doing now?
나: 대학원을 졸업하고서 한국 회사에 들어갔대요.
B: She graduated from graduate school and joined a Korean company.

가: 미선 씨, 왜 그래요? 발이 아파요?
A: Miseon, what's the matter? Does your foot hurt?
나: 네, 어제 구두를 신고서 오래 걸었더니 발이 아파요.
B: Yes, I wore heels and walked for a long time yesterday, so my foot hurts.

2. -을/ㄹ 뻔하다

- **Meaning and Usage**

This is used with an action verb to state that something was a close call. In other words, it is used to express that if something had gone slightly wrong, something could have potentially happened.

- **Examples**

길이 막혀서 약속 시간에 늦을 뻔했어요.
There was so much traffic that I was almost late to my appointment.

조금만 늦게 도착했으면 비행기를 못 탈 뻔했어요.
If I had arrived just a little later, I would have missed my plane.

오늘 중요한 회의가 있었는데 동료에게 연락을 안 했으면 큰 일 날 뻔했어요.
There was an important meeting today and we would have been in big trouble if I hadn't called my colleague.

옆 사람과 이야기하면서 운전하다가 사고가 날 뻔했어요.
I almost got into a car accident talking to the passenger while driving.

가: 웨이 씨가 사고가 나서 병원에 입원했다면서요?
A: I heard that Wei got into an accident and is in the hospital.
나: 네, 조금만 늦게 병원에 갔으면 큰일 날 뻔했대요.
B: Yes, they say that if she had arrived at the hospital a few minutes late, it would have been dangerous.

가: 오늘 회의에 필요한 서류를 다 챙겼어요?
A: Do you have all the documents for the meeting today?
나: 아, 고마워요. 이야기해 주지 않았으면 서류를 놓고 갈 뻔했네요.
B: Oh, thanks. If you hadn't reminded me, I would have left them.

Lesson 9 Problem and solution

<2> If you leave it here, they say it'll take about 2 to 3 days

Dialogue

Huong: I'm here because something's wrong with my phone.
Employee: May I take a look?
Huong: I dropped my phone and the screen shattered. And the phone doesn't work, either. Can I repair it right away?
Employee: I can fix the screen right away, but I'll have to check on the phone not working. One moment.
(a few minutes later)
Employee: I looked into it, and if you leave it here, they say it'll take about 2 to 3 days. I know it's troublesome, but it looks like you'll have to come back one more time.

Vocabulary List

수리 **repair**	화면 **screen**
맡기다 **to leave**	번거롭다 **troublesome**
보이다[2] **to show**	깨우다 **to wake up**
낮추다 **to lower**	녹다 **to melt**
녹이다 **to melt (something)**	
눕히다 **to lay down**	늦추다 **to delay**
맡다 **to receive**	먹이다 **to feed**
살리다 **to save**	세우다 **to stop**
속다 **to be fooled**	속이다 **to fool**
숨기다 **to hide (something)**	
숨다 **to hide**	
신기다 **to make someone put on**	
씻기다[2] **to wash (something)**	
앉히다 **to sit someone down**	
알리다 **to let someone know**	
울리다 **to make someone cry**	
웃기다 **to make someone laugh**	
읽히다 **to make someone read**	
입히다 **to make someone put on**	
재우다 **to make someone go to sleep**	

죽이다 to kill　　채우다 to fill
태우다 to make someone ride

Grammar

1. 사동

• Meaning and Usage

Causative means that the speaker is making someone or something else perform an action and action verbs that serve this function are called causative verbs.

• Form

Causative verbs take the form of verb + '-이-, -히-, -리-, -기-, -우-, -추-'.

-이-	끓이다, 녹이다, 먹이다, 붙이다, 속이다, 죽이다
-히-	눕히다, 앉히다, 읽히다, 입히다
-리-	살리다, 알리다, 울리다
-기-	남기다, 맡기다, 숨기다, 신기다, 씻기다, 웃기다
-우-	깨우다, 세우다, 재우다, 태우다, 채우다
-추-	낮추다, 늦추다, 맞추다

• Examples

올리비아 씨가 차를 마시려고 물을 끓였어요.
Olivia boiled the water to drink tea.
할머니가 아이를 침대에 눕혔어요.
The grandma laid the child on the bed.
레오 씨, 이 정보를 많은 사람들에게 알려 주세요.
Leo, you should make more people know this information.
저는 세탁소에 맡긴 옷을 찾으러 가야 해요.
I need to go and pick up the clothes I dropped off at the dry cleaners.

가: 내일 아침에 일찍 일어나야 한다고 했지?
A: You said you need to wake up early in the morning tomorrow, right?
나: 네, 혹시 제가 못 일어나면 깨워 주세요.
B: Yes. If I don't wake up, please wake me up.

가: 내일 오전 10시에 회의가 있다고 들었는데 맞아요?
A: I heard that there's a meeting at 10 a.m. tomorrow. Is this true?
나: 과장님께서 오전에 해야 할 일이 있다고 하셔서 회의 시간을 2시로 늦췄어요.
B: The Director said there's something he needs to take care of in the morning, so he delayed the meeting to 2 o'clock.

• Note

Add '-게 하다' to the action verb to take on a causative meaning.

2. -으니까/니까²

• Meaning and Usage

This is used with an action verb to state that the fact contained in the second sentence was discovered as a result of the action in the first sentence.

• Examples

떡볶이를 먹어 보니까 생각보다 안 매웠어요.
After eating tteokbokki, I realized it wasn't as spicy as I had thought it would be.
냉장고를 여니까 아무 것도 없었어요.
I opened the refrigerator to discover that there was nothing inside.
인터넷으로 주문한 옷을 입어 보니까 옷이 작았어요.
I tried on the clothes I ordered online only to find that they were too small.
아침에 일어나니까 10시였어요.
I woke up in the morning to find that it was 10 a.m.

가: 한국 생활이 어때요?
A: How is life in Korea?
나: 혼자 살아 보니까 생각보다 재미있어요.
B: After living alone, I've realized it's more fun than I had expected.

가: 어제 친구가 소개해 준 사람은 잘 만났어요?
A: Did you meet the person your friend set you up with yesterday?
나: 네, 만나 보니까 좋은 사람이었어요.
B: Yes, and he was a good person.

• Note

When used with a descriptive verb, it takes on the meaning of "reason."

Lesson 10 Mistakes and apologies

<1> I happened to send it to Haneul

Dialogue

Ryoko: What should I do? I was trying to send a text to my friend, but I happened to send it to Haneul instead.
Anna: What did it say?
Ryoko: I wrote that I think I like Haneul, and I'm so embarrassed that Haneul has found out how I feel about him.
Anna: Don't be embarrassed. Just go and ask him out first. I'm sure Haneul knew how you felt to some extent.
Ryoko: Do you think so? In any case, I have been trying to hide my feelings, but I'm sure it showed in my expressions.

Vocabulary List

속마음 inner feelings
감추다 to hide
들키다 to be found out
부끄러워하다 to be embarrassed
그만 by mistake
겁을 내다 to be afraid of
나타내다 to show
혼을 내다 to scold
화가 나다 to be angry
화를 내다 to show one's anger
표정 expression
나타나다 to reveal
하긴 in fact
겁이 나다 to be scared
시간이 나다 to have time
혼이 나다 to be scolded

Grammar

1. -는다는/ㄴ다는 것이

• **Meaning and Usage**

This is used with an action verb when the speaker does something contrary to his/her original intention or when a different outcome results.

• **Form**

'-ㄴ다는 것이' is used when the action verb stem ends in 'ㄹ' or a vowel and '-는다는 것이' is used when it ends in a consonant.

Verb stem ending	Combine with	Examples
Consonant	-는다는 것이	넣는다는, 받는다는 것이
ㄹ, vowel	-ㄴ다는 것이	판다는, 보낸다는 것이

• **Examples**

커피에 설탕을 넣는다는 것이 소금을 넣었어요.
I was trying to put sugar in my coffee but happened to put salt in.
시청으로 가는 지하철을 탄다는 것이 다른 쪽으로 가는 지하철을 탔어요.
I was trying to get on the subway train headed to City Hall but happened to go in the opposite direction.
친구에게 전화한다는 것이 깜빡 잊고 못 했어요.
I planned to call my friend, but forgot and couldn't.
도와 드린다는 것이 일을 더 힘들게 만든 것 같아요.
I was trying to help, but I feel like I only made matters worse.

가: 소희야, 이게 누구 옷이니?
A: Sohee, whose clothes are these?
나: 어머, 제 옷을 챙긴다는 것이 미나 옷을 가지고 왔나 봐요.
B: Oh my. I was planning on bringing my clothes but brought Mina's clothes instead.

가: 도와준다는 것이 일을 더 복잡하게 만든 것 같아요.
A: I was only trying to help, but I think I ended up complicating matters.
나: 그런 말씀 마세요. 정말 큰 도움이 됐어요.
B: Don't say that. You were a great help.

• **Note**

This cannot be used with a descriptive verb.

2. -고 말다

• **Meaning and Usage**

This is used with an action verb to show that the speaker did what he/she should not have or something he/she was not intending on doing.

• **Examples**

화가 나도 참아야 하는데 그만 화를 내고 말았어요.
I should have kept in my anger, but I happened to get angry.
정희 씨는 너무 졸려서 씻지도 못하고 잠이 들고 말았어요.
Jeonghee was so tired that she fell asleep without even washing up.
민수 씨는 공항에 늦게 도착해서 비행기를 못 타고 말았어요.
Minsu arrived late at the airport and couldn't get on the plane.
의사가 최선을 다 했지만 환자는 죽고 말았어요.
The doctor did the best she could, but the patient ended up dying.

가: 노라 씨가 왜 저렇게 화가 났어요?
A: Why is Nora so angry?
나: 제가 친구들과 이야기하다가 실수로 노라 씨의 비밀을 말하고 말았어요.
B: I was talking with my friends and happened to share Nora's secret.

가: 아까 왜 시험 시간에 늦었어요?
A: Why were you late to the test earlier?
나: 어제 너무 늦게 자서 아침에 늦잠을 자고 말았어요.
B: I slept late last night and overslept this morning.

• **Note**

This cannot be used with a descriptive verb.

Lesson 10 Mistakes and apologies

<2> I actually made fun of Lena

Dialogue

Huong: Nora, did something happen?
Nora: Lena is very angry at me. I actually made fun of Lena. But I was just joking.
Huong: Did you say sorry?

Nora: Of course. I apologized, but Lena is still mad at me. I was afraid I would only offend her more, so I didn't say anything to her today.
Huong: Meet with her face to face and sincerely apologize to her. Then, Lena will understand your intentions, Nora.

Vocabulary List

장난 joke
진심 sincerity
걸다 to talk to
놀리다 to make fun of
사과하다 to apologize
상하다 to be offended
알아주다 to understand someone's intention
까먹다 to forget
깜박하다 to slip one's mind
사이좋다 to have a good relationship
어기다 to break (a promise)
오해하다 to misunderstand
착각하다 to mistakenly think
풀다[1] to solve
풀리다 to become solved
화해하다 to make amends

Grammar

1. —거든요

• Meaning and Usage

This is used with an action or descriptive verb to expand on the speaker's reasoning or thoughts on what he/she mentioned before or in response to a question asked by the other party.

• Examples

누리 씨는 학교에서 인기가 많아요. 노래를 아주 잘하거든요.
Nuri is very popular at school because she is a good singer.

저는 보통 대한 마트에서 쇼핑을 해요. 물건 값이 싸거든요.
I usually shop at Daehan Mart because the products are cheaper there.

오늘은 정말 쉬고 싶어요. 몸살감기가 심하거든요.
I really just want to rest today because I have a terrible cold and body aches.

이번 주말에는 못 만나요. 친구들과 놀이공원에 가기로 했거든요.
I can't make it this weekend because I'm going to the amusement park with my friend.

가: 케빈 씨, 무슨 일이 있어요?
A: Is something the matter, Kevin?
나: 여자 친구가 화가 많이 났어요. 제가 약속을 어겼거든요.
B: My girlfriend is really mad because I broke a promise.

가: 미선 씨, 오늘 아주 피곤해 보여요. 어디 아파요?
A: Miseon, you look so tired today. Are you feeling unwell?
나: 어제 2시간밖에 못 잤거든요. 빨리 집에 가서 쉬고 싶어요.
B: It's because I only slept two hours last night. I want to quickly go home and get some rest.

2. —을까/ㄹ까 봐

• Meaning and Usage

This is used with an action or descriptive verb to express the speaker's concern about the possibility of the situation or event mentioned in the first clause actually happening.

• Example

비가 올까 봐 우산을 가지고 왔어요.
Just in case it rains, I brought an umbrella.

지각할까 봐 택시를 타고 왔어요.
I was afraid I would be late, so I took a cab.

친구들이 놀릴까 봐 말하지 않았어요.
I was afraid my friends would make fun of me, so I didn't say anything.

버스가 출발했을까 봐 걱정했어요.
I was worried that the bus would leave.

가: 줄리 씨, 왜 이렇게 일찍 왔어요?
A: Why did you come so early, Julie?
나: 길이 막힐까 봐 오늘은 집에서 일찍 출발했어요.
B: I was afraid there would be traffic, so I left early from home today.

가: 은하 씨, 왜 그렇게 천천히 걸어가세요?
A: Eunha, why are you walking so slowly?
나: 넘어질까 봐 조심하는 거예요.
B: I'm afraid I might fall, so I'm being careful.

• Note

This is followed by an expression of concern or actions that are taken because of that concern.